本书由
中央高校建设世界一流大学（学科）
和特色发展引导专项资金
资助

中南财经政法大学"双一流"建设文库

生|态|文|明|系|列

旅游业推动资源枯竭型城市转型发展研究

张大鹏 著

中国财经出版传媒集团

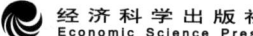

经济科学出版社
Economic Science Press

图书在版编目（CIP）数据

旅游业推动资源枯竭型城市转型发展研究/张大鹏著.
—北京：经济科学出版社，2019.12
（中南财经政法大学"双一流"建设文库）
ISBN 978-7-5218-1162-9

Ⅰ.①旅⋯ Ⅱ.①张⋯ Ⅲ.①城市旅游－旅游业发展－研究－中国 Ⅳ.①F592.3

中国版本图书馆 CIP 数据核字（2019）第 291131 号

责任编辑：孙丽丽　胡蔚婷
责任校对：靳玉环
版式设计：陈宇琰
责任印制：李　鹏　范　艳

旅游业推动资源枯竭型城市转型发展研究
张大鹏　著
经济科学出版社出版、发行　新华书店经销
社址：北京市海淀区阜成路甲 28 号　邮编：100142
总编部电话：010-88191217　发行部电话：010-88191522
网址：www.esp.com.cn
电子邮件：esp@esp.com.cn
天猫网店：经济科学出版社旗舰店
网址：http://jjkxcbs.tmall.com
北京季蜂印刷有限公司印装
787×1092　16 开　13 印张　210000 字
2019 年 12 月第 1 版　2019 年 12 月第 1 次印刷
ISBN 978-7-5218-1162-9　定价：52.00 元
(图书出现印装问题，本社负责调换。电话：010-88191510)
(版权所有　侵权必究　打击盗版　举报热线：010-88191661
QQ：2242791300　营销中心电话：010-88191537
电子邮箱：dbts@esp.com.cn)

总 序

"中南财经政法大学'双一流'建设文库"是中南财经政法大学组织出版的系列学术丛书，是学校"双一流"建设的特色项目和重要学术成果的展现。

中南财经政法大学源起于1948年以邓小平为第一书记的中共中央中原局在挺进中原、解放全中国的革命烽烟中创建的中原大学。1953年，以中原大学财经学院、政法学院为基础，荟萃中南地区多所高等院校的财经、政法系科与学术精英，成立中南财经学院和中南政法学院。之后学校历经湖北大学、湖北财经专科学校、湖北财经学院、复建中南政法学院、中南财经大学的发展时期。2000年5月26日，同根同源的中南财经大学与中南政法学院合并组建"中南财经政法大学"，成为一所财经、政法"强强联合"的人文社科类高校。2005年，学校入选国家"211工程"重点建设高校；2011年，学校入选国家"985工程优势学科创新平台"项目重点建设高校；2017年，学校入选世界一流大学和一流学科（简称"双一流"）建设高校。70年来，中南财经政法大学与新中国同呼吸、共命运，奋勇投身于中华民族从自强独立走向民主富强的复兴征程，参与缔造了新中国高等财经、政法教育从创立到繁荣的学科历史。

"板凳要坐十年冷，文章不写一句空"，作为一所传承红色基因的人文社科大学，中南财经政法大学将范文澜和潘梓年等前贤们坚守的马克思主义革命学风和严谨务实的学术品格内化为学术文化基因。学校继承优良学术传统，深入推进师德师风建设，改革完善人才引育机制，营造风清气正的学术氛围，为人才辈出提供良好的学术环境。入选"双一流"建设高校，是党和国家对学校70年办学历史、办学成就和办学特色的充分认可。"中南大"人不忘初心，牢记使命，以立德树人为根本，以"中国特色、世界一流"为核心，坚持内涵发展，"双一流"建设取得显著进步：学科体系不断健全，人才体系初步成型，师资队伍不断壮大，研究水平和创新能力不断提高，现代大学治理体系不断完善，国际交流合作优化升级，综合实力和核心竞争力显著提升，为在2048年建校百年时，实现主干学科跻身世界一流学科行列的发展愿景打下了坚实根基。

"当代中国正经历着我国历史上最为广泛而深刻的社会变革，也正在进行着人类历史上最为宏大而独特的实践创新"，"这是一个需要理论而且一定能够产生理论的时代，这是一个需要思想而且一定能够产生思想的时代"①。坚持和发展中国特色社会主义，统筹推进"五位一体"总体布局和协调推进"四个全面"战略布局，实现"两个一百年"奋斗目标、实现中华民族伟大复兴的中国梦，需要构建中国特色哲学社会科学体系。市场经济就是法治经济，法学和经济学是哲学社会科学的重要支撑学科，是新时代构建中国特色哲学社会科学体系的着力点、着重点。法学与经济学交叉融合成为哲学社会科学创新发展的重要动力，也为塑造中国学术自主性提供了重大机遇。学校坚持财经政法融通的办学定位和学科学术发展战略，"双一流"建设以来，以"法与经济学科群"为引领，以构建中国特色法学和经济学学科、学术、话语体系为己任，立足新时代中国特色社会主义伟大实践，发掘中国传统经济思想、法律文化智慧，提炼中国经济发展与法治实践经验，推动马克思主义法学和经济学中国化、现代化、国际化，产出了一批高质量的研究成果，"中南财经政法大学'双一流'建设文库"即为其中部分学术成果的展现。

文库首批遴选、出版二百余册专著，以区域发展、长江经济带、"一带一路"、创新治理、中国经济发展、贸易冲突、全球治理、数字经济、文化传承、生态文明等十个主题系列呈现，通过问题导向、概念共享，探寻中华文明生生不息的内在复杂性与合理性，阐释新时代中国经济、法治成就与自信，展望人类命运共同体构建过程中所呈现的新生态体系，为解决全球经济、法治问题提供创新性思路和方案，进一步促进财经政法融合发展、范式更新。本文库的著者有德高望重的学科开拓者、奠基人，有风华正茂的学术带头人和领军人物，亦有崭露头角的青年一代，老中青学者秉持家国情怀，述学立论、建言献策，彰显"中南大"经世济民的学术底蕴和薪火相传的人才体系。放眼未来、走向世界，我们以习近平新时代中国特色社会主义思想为指导，砥砺前行，凝心聚

---

① 习近平：《在哲学社会科学工作座谈会上的讲话》，2016年5月17日。

力推进"双一流"加快建设、特色建设、高质量建设，开创"中南学派"，以中国理论、中国实践引领法学和经济学研究的国际前沿，为世界经济发展、法治建设做出卓越贡献。为此，我们将积极回应社会发展出现的新问题、新趋势，不断推出新的主题系列，以增强文库的开放性和丰富性。

"中南财经政法大学'双一流'建设文库"的出版工作是一个系统工程，它的推进得到相关学院和出版单位的鼎力支持，学者们精益求精、数易其稿，付出极大辛劳。在此，我们向所有作者以及参与编纂工作的同志们致以诚挚的谢意！

因时间所囿，不妥之处还恳请广大读者和同行包涵、指正！

中南财经政法大学校长

前 言

由于长期无序粗放式和掠夺式地开采城市矿物资源，资源枯竭型城市不仅导致矿竭城衰，还衍生出一系列复杂的问题，包括经济产业结构失衡、下岗失业率攀高、环境污染严重、社会民生问题等。党的十九大报告中明确提出要大力推进生态文明建设，实现高质量发展。然而，资源枯竭型城市所面临的经济衰退困境和严重受损的生态环境与建设生态文明的"美丽中国"愿景极不相称。如何推动资源枯竭型城市转型与可持续发展是推进生态文明建设和实现高质量发展中亟待妥善解决的重大现实问题。当前，旅游业已成为全球最大的新兴产业之一，国务院明确提出要把旅游业培育成为国民经济的战略性支柱产业和人民群众更加满意的现代服务业。旅游业具有资源消耗低、带动系数大、就业机会多、综合效益好等优势特点，在推动资源枯竭型城市转型和可持续发展中能够发挥独特的作用，助推资源枯竭型城市高质量发展。

基于此，本书对旅游业推动资源枯竭型城市转型发展进行了系统研究。具言之，在阐述相关理论和研究基础上，以现状为本，全景扫描转型背景下资源枯竭型城市旅游业的发展现状；以绩效为尺，量化评价旅游业推动资源枯竭型城市的转型效率和转型效果；以案例为镜，透视总结旅游业推动资源枯竭型城市转型发展的成功经验；以对策为术，在上述研究的基础上深入探讨旅游业推动资源枯竭型城市转型发展的对策体系。

本书对相关理论和研究基础进行了详细梳理和系统总结，为后续研究奠定了理论基础和明晰相关概念。旅游业推动资源枯竭型城市转型发展研究所涉及的相关理论包括城市可持续发展理论、旅游学相关理论、营销学相关理论、产业经济学相关理论和景观生态学理论。同时，相关研究基础包括资源枯竭型城市界定与分类、资源枯竭型城市问题与困境、资源枯竭型城市演进与转型。在此基础上，探讨了旅游业推动资源枯竭型城市转型发展的作用机制，资源枯

— 1 —

型城市由内而外的自我突破力和旅游业从外向内的渗透助推力,这两股力量构成了旅游业推动资源枯竭型城市转型发展的驱动合力。

以现状为基础的梳理分析中,通过现状扫描分析,发现大部分资源枯竭型城市存在着旅游产品开发水平较低、旅游形象定位模糊、旅游产业规模偏小等问题。其中,旅游产品开发总体水平较低的主要表现为高等级、高品质的旅游景区较少,对资源枯竭型城市丰富且特有的工业遗迹资源开发力度不够;在旅游产业规模上,绝大部分资源枯竭型城市旅游综合收入都低于其所在省份的城市平均水平,旅游产业规模偏小;在旅游形象定位上,大多数资源枯竭型城市的旅游形象定位缺乏特色,且雷同性较大。

以绩效为尺的评价研究中,以24个资源枯竭型城市2004~2016年的面板数据为定量研究样本,分别利用随机前沿分析方法(SFA)和面板门槛模型(PTR)对旅游业推动资源枯竭型城市的转型效率和转型效果进行评价研究。其中,旅游业推动资源枯竭型城市转型效率呈现上升趋势,但总体水平不高,还存在较大改进空间。旅游业推动资源枯竭型城市转型效果存在经济、社会和环境三种不同的门槛特征,具体来说,经济效应存在先增后减的倒"U"形非线性作用,对资源枯竭型城市转型的社会效应表征出先减后增的正"U"形关系,对资源枯竭型城市转型的环境效应具有显著正向作用。

以案例为镜的透视分析中,选取英国布莱纳文镇、德国鲁尔区、中国焦作市和黄石市为案例进行多点透视,分析国内外典型案例,透过现象看本质,总结出四个地区通过发展旅游业实现成功转型经验的共性特征,如政府主导和不断创新特色核心旅游产品等。同时也揭示了四个案例地区发展旅游业推动城市成功转型的特色经验和做法。

以对策为术的探讨研究中,根据现状扫描、量化评价和案例透视的相关结论,从宏观层面、中观层面和微观层面深入探讨旅游业推动资源枯竭型城市转型发展的对策建议体系。第一,在宏观政策支持上,应扩大旅游发展政策的优惠幅度,构建旅游发展政策的多级梯度和提高旅游发展政策的瞄准精度;第二,在中观主体协同上,应树立资源枯竭型城市政府部门的全域主导意识,提升资源枯竭型城市社会公众的全面参与意识和强化资源枯竭型城市市场主体的全面创新意识;第三,在微观举措实施上,提出推动资源枯竭型城市转型发展的举措实施建议，包括"活化旅游资源，重启经济增长动力源""优化旅游产品，重育新兴消费增长点""美化旅游形象，重塑社会发展软环境""孵化旅游产业，重构产业结构新格局""强化旅游品牌，重振城市综合竞争力"五个方面。

目 录

第一章　绪论
第一节　研究背景与意义　　2
第二节　文献回顾与述评　　6
第三节　研究思路、方法与重点　　15
本章小结　　21

第二章　相关理论与研究基础
第一节　相关理论　　24
第二节　研究基础　　40
本章小结　　50

第三章　旅游业推动资源枯竭型城市转型的作用机制研究
第一节　资源枯竭型城市转型诱发旅游业发展的自我突破力　　54
第二节　旅游业发展驱动资源枯竭型城市转型的渗透助推力　　56
本章小结　　59

第四章　转型背景下资源枯竭型城市旅游业现状梳理分析
第一节　资源枯竭型城市旅游产品开发状态　　62
第二节　资源枯竭型城市旅游产业运行态势　　64
第三节　资源枯竭型城市旅游形象定位现状　　67
本章小结　　71

第五章　旅游业推动资源枯竭型城市转型效率的评价研究
第一节　实证研究设计　　74

第二节　评价结果分析　　　　　　　　　83
　　　第三节　影响因素分析　　　　　　　　　95
　　　本章小结　　　　　　　　　　　　　　　98

第六章　旅游业推动资源枯竭型城市转型效果的实证检验
　　　第一节　实证研究设计　　　　　　　　　102
　　　第二节　旅游业推动资源枯竭型城市转型的经济效应分析　　104
　　　第三节　旅游业推动资源枯竭型城市转型的社会效应分析　　108
　　　第四节　旅游业推动资源枯竭型城市转型的环境效应分析　　111
　　　本章小结　　　　　　　　　　　　　　　114

第七章　旅游业推动资源枯竭型城市转型的典型案例剖析
　　　第一节　国外案例透视　　　　　　　　　116
　　　第二节　国内案例透视　　　　　　　　　122
　　　第三节　典型案例启示　　　　　　　　　139
　　　本章小结　　　　　　　　　　　　　　　142

第八章　旅游业推动资源枯竭型城市转型的对策体系研究
　　　第一节　旅游业推动资源枯竭型城市转型的宏观政策支持　　144
　　　第二节　旅游业推动资源枯竭型城市转型的中观主体协同　　148
　　　第三节　旅游业推动资源枯竭型城市转型的微观举措实施　　151
　　　本章小结　　　　　　　　　　　　　　　165

第九章　主要结论与研究展望
　　　第一节　主要结论　　　　　　　　　　　168
　　　第二节　研究展望　　　　　　　　　　　171

附录　　　　　　　　　　　　　　　　　　　173
参考文献　　　　　　　　　　　　　　　　　177
后记　　　　　　　　　　　　　　　　　　　193

第一章
绪　论

党的十九大以来，生态文明建设对资源枯竭型城市的转型及高质量发展提出了新要求。中国262个资源型城市中，资源枯竭型城市共计69个[①]，约占总数的26%。因此，探索资源枯竭型城市转型问题对推动和实现中国资源型城市经济高质量发展具有重要的现实意义。近年来，资源枯竭型城市发展中面临的四大危机问题（即资源危机、经济危机、社会危机和环境危机）受到政府和学界的高度关注。截至2018年，国务院先后三次审批确定了69个资源枯竭型城市，并从政策、资金和人力上加大了支持力度，以扶持资源枯竭型城市进行经济转型与可持续发展。与此同时，资源枯竭型城市的相关研究也在如火如荼地展开，特别是近年来，学界、政界和业界给予了极高的关注，引发了一系列讨论，包括资源枯竭型城市发展问题症结、转型路径、接续产业、工业遗产旅游、棕地再利用、可持续发展等。其中，将资源枯竭型城市转型与旅游业相结合是当前研究的热点之一，然而综观目前国内外关于旅游业推动资源枯竭型城市转型发展的系统研究还不多见，由此导致资源枯竭型城市转型发展在理论上缺少科学指导，以及在实践上缺乏经验借鉴。作为本书的开篇，本章从选题的背景与意义、文献综述、研究思路、研究方法与重点等方面展开论述，尤其围绕"资源枯竭型城市转型与旅游业"这一研究主题对国内外相关文献进行搜集、梳理、分析以及述评，全面审视旅游业推动资源枯竭型城市转型研究的前史和前沿动态。这些前期工作将会为本书的理论分析和研究设计奠定基础。

第一节 研究背景与意义

一、研究背景

（一）资源枯竭型城市可持续发展问题受到国家的日益重视

资源枯竭型城市是经济发展过程中的特定历史产物，曾为经济发展做出了

[①] 国务院于2008年3月公布了首批12个资源枯竭型城市的名单，2009年3月确定了第二批32个城市名单，2011年11月界定了第三批25个城市。共69个资源枯竭型城市。

巨大贡献，然而由于缺乏统筹规划和资源耗竭等原因，这些城市在发展过程中积累了许多的矛盾和问题，主要包括经济结构失衡、失业和贫困人口较多、接续替代产业发展乏力、生态环境破坏严重、维护社会稳定压力较大等①。这些问题严重制约了资源枯竭型城市的可持续发展，不符合党的十九大报告中提出的生态文明建设和高质量发展的战略要求和目标，也与实现美丽中国梦的宏伟愿景格格不入。自2001年国务院确定辽宁省阜新市为第一个资源枯竭型城市转型试点后，我国资源型城市转型问题开始上升到国家战略层面，并不断受到国家的高度重视。2002年，党的十六大报告明确提出"支持以资源开采为主的城市和地区发展接续产业"。2007年，党的十七大报告进一步强调"帮助资源枯竭地区实现经济转型"。2007年12月，国务院出台了《关于促进资源型城市可持续发展的若干意见》，对资源枯竭型城市可持续发展作出了明确部署。此后，国务院分别于2008年、2009年、2011年先后公布了三批资源枯竭型城市转型试点名单。2013年，《全国资源型城市可持续发展规划（2013~2020年）》中指出促进资源型城市可持续发展，是加快转变经济发展方式、实现全面建成小康社会奋斗目标的必然要求，也是促进区域协调发展、统筹推进新型工业化和新型城镇化、维护社会和谐稳定、建设生态文明的重要任务。到2020年，资源枯竭型城市的历史遗留问题基本解决，可持续发展能力显著增强，转型任务基本完成②。可见，国家对于资源枯竭型城市的可持续发展问题日益重视，不断探求资源枯竭型城市经济转型的方法、途径，不断加大转型的支持力度。其中，发展旅游业被实践证明是推动资源枯竭型城市经济转型和可持续发展的有效途径之一。2009年12月颁布的《国务院关于加快发展旅游业的意见》中明确提出"大力推进旅游与文化、体育、农业、工业、林业、商业、水利、地质、海洋、环保、气象等相关产业和行业的融合发展""积极支持利用荒地、荒坡、荒滩、垃圾场、废弃矿山、边远海岛和可以开发利用的石漠化土地等开发旅游项目""东部发达地区、东北等老工业基地要通过经济结构调整，提升旅游发展水平"③。此外，为加快旅游推动资源枯竭型城市转型发展，文化和旅游部（原国家旅游局）于2012年9月将重庆市万盛经济技术开发区确立为"国家资源枯竭型城市旅游转

---

① 《国务院关于促进资源型城市可持续发展的若干意见》。
② 《全国资源型城市可持续发展规划（2013~2020年）》。
③ 《国务院关于加快发展旅游业的意见》。

型发展试点单位"。可见，国家各层面各部门的高度重视为旅游业推动资源枯竭型城市转型的研究指明了方向。

（二）旅游业推动资源枯竭型城市转型实践成为社会的热点话题

资源枯竭型城市转型问题是世界性难题，各国政府在探索如何解决资源枯竭型城市长期粗放发展而遗留的老工厂、老厂房和老工人等问题中积累了丰富的经验和成功做法。其中，德国鲁尔工业区、英国布莱纳文镇、中国焦作市均通过发展旅游业将工业遗迹、工业遗存和工业遗产进行价值再造，实现了资源枯竭型城市的成功转型。"鲁尔模式""焦作现象"这些已经成为旅游推动资源枯竭型城市转型的现象级案例，成为社会广议的热点话题，同时也被越来越多的资源枯竭型城市效仿取经。当前，旅游业已经作为资源枯竭型城市谋求转型和高质量发展的重要途径之一。由此可见，旅游业推动资源枯竭型城市转型的大量实践和成功案例为进一步理论研究提供了丰富素材和样本。

（三）旅游业推动资源枯竭型城市转型研究得到学界的广泛关注

由于"矿竭城衰"而引发资源枯竭型城市的一系列问题在国际、国内学术界引起广泛的关注，特别是近年来举办的各种学术会议、论坛更加催生了资源枯竭型城市转型中的旅游研究热潮，如"2013年《旅游学刊》中国旅游研究年会""中国工业遗产保护论坛"（2006）、"工业遗产利用与资源枯竭城市转型高峰论坛"（2008）、"中国（黄石）矿冶文化论坛"（2012）、"中国工业遗产保护研讨会"（2012）、"全国工业旅游创新大会"（2016）、"第二届全国工业旅游创新大会"（2017）、"资源型城市转型与工业文化遗产保护利用中欧比较高层论坛"（2019）等。学术界对资源枯竭型城市工业遗迹资源、棕地再利用、旅游与经济转型等方面进行了广泛讨论与深入研究，其中，2013年《旅游学刊》中国旅游研究年会还特别专门设置了资源枯竭型城市转型与旅游发展的专题论坛，可见，学术界对旅游业推动资源枯竭型城市转型发展的研究给予了极高的关注。

二、研究意义

（一）理论意义

旅游业在资源枯竭型城市转型中的促进作用在实践中已多有体现，但旅游业推动资源枯竭型城市转型发展的理论研究一直是国内外旅游研究的热点和难点。在城市可持续发展和旅游全球化的背景下，旅游业推动资源枯竭型城市转型发展的问题成为学术界重点关注领域。然而，已有的资源枯竭型城市转型中的旅游研究成果多集中于旅游业促进转型作用、开发工业遗产旅游等问题的研究，对于旅游业推动资源枯竭型城市转型发展的全面系统研究成果较少。本书基于我国资源枯竭型城市转型发展的实际，利用旅游学、景观生态学、产业经济学等多学科构建研究平台，在此平台上对我国旅游业推动资源枯竭型城市转型发展进行全层次多视角的系统研究，构建旅游业推动城市转型效率和效果的评价模型，丰富了旅游业推动资源枯竭型城市转型研究的知识体系。具体而言：

第一，探究旅游业推动资源枯竭型城市转型发展的作用机制有助于揭示旅游业与资源枯竭型城市转型发展之间的内在关联性；

第二，从旅游业视角探索资源枯竭型城市转型发展的实现路径，延伸和拓展资源型城市可持续发展的理论研究。

（二）现实意义

近年来，我国大多数资源枯竭型城市都陆续提出了大力发展旅游产业，促进城市转型的战略，并且正在付诸实践，有些城市已经取得了阶段性成功，但也有很多城市仍然处在转型探索的阶段。因而，如何更好更有效地通过发展旅游业推动资源枯竭型城市转型，是一个在实践领域值得广泛重视的课题。本书系统研究旅游业推动资源枯竭型城市转型发展的问题，通过案例透视总结成功经验，综合评价旅游业推动资源枯竭型城市的转型效率和转型效果，提出相关对策体系，对推动资源枯竭型城市经济、社会、文化和环境的全面协调可持续发展，将会产生重要的实践指导价值。具体而言：

第一，探讨资源枯竭型城市转型问题是对习近平总书记关于生态文明建设和推动高质量发展重要论述的实践应用，具有鲜明的现实指向性和较强的政策前瞻性；

第二，有利于资源枯竭型城市科学规划旅游产业，助推资源枯竭型城市绿色转型，实现高质量发展；

第三，为旅游业推动资源枯竭型城市转型发展提供可操作性强的政策建议，为其他资源型城市提供样板参考价值。

第二节　文献回顾与述评

一、文献回顾

通过文献回顾与梳理，有关旅游业推动资源枯竭型城市转型发展的国内外研究现状有三个特征：

第一，现有研究大多关注资源枯竭型城市的发展困境和经济转型的现实问题，以任务驱动型研究为主，而针对资源枯竭型城市高质量转型发展路径创新的前瞻性研究还存在不足。目前对资源枯竭型城市转型的研究是伴随着宏观经济和城市发展过程开展的，现有文献集中于资源型城市的概念（刘学敏，2009）、面临的主要经济和社会问题（孟文，2012；陈妍和梅林，2018）、资源型城市传统经济生产方式的转型模式（杨继瑞等，2011；李虹等，2018）、效率（方杏村和陈浩，2016）、对策（支大林，2015）、评价体系（曾贤刚和段存儒，2018）等相关研究。资源枯竭型城市的转型不仅仅是城市自身生存与发展的需要，更是全体社会可持续发展的需要。党的十九大提出，我国经济已由高速增长阶段转向高质量发展阶段，正处在转变发展方式、优化经济结构、转换增长动力的攻关期，建设现代化经济体系是跨越关口的迫切要求和我国发展的战略目标。这对资源枯竭型城市未来可持续发展提出了更高要求。资源枯竭型城市高质量发展不仅是指要实现城市产业的转型升级，更要培育城市可持续的内生动力，实现经济、社会和环境的协调发展。因此，推动高质量转型发展是资源型城市转型升级的必由之路，是决定资源枯竭型城市未来的关键之举，也是顺应时代要求的重大战略抉择（谭振义，2019）。然而，有关资源枯竭型城市高质量转型发展的前瞻性研究还十分有限，贾春光等（2018）认为旧动能是经济发展的"拉力"，而新动能是经济发展的"推力"，由"拉动"经济增长模式转变为"推拉结合"的"双引擎"驱动经济增长模式，从而实现资源的最优化配置和经济健康的高质量发展。但是，如何升级旧动能以增强"拉力"？如何挖掘新动能，以孕育"推力"？突破口在哪儿？实现资源枯竭型城市经济、社会和环境三者协调发展的路径有哪些？对这些问题的研究还存在很多不足。

第二，从工业遗产旅游开发的局部视角探讨资源枯竭型城市转型的研究较多，而从旅游业的整体视角探究资源枯竭型城市转型发展的研究却十分有限。已有文献大多关注工业遗产旅游开发在资源枯竭型城市转型和可持续发展中的作用的研究。

一是对资源枯竭型城市工业遗产旅游开发效益的研究，主要包括三个方面：（1）振兴经济复苏；（2）改善生态环境；（3）缓解社会矛盾。如爱德华兹和乌尔德斯（1996）认为资源枯竭型城市发展旅游业能够刺激经济发展，并带动就业增长。巴列斯特罗斯和拉米雷斯（2007）认为建立社区精神和社会认同感是成功开发工业遗产旅游的前提，资源枯竭型城市发展工业遗产旅游有利于重塑在逆工业化时代消失的社区精神与文化认同感。同时，鲍尔和斯托巴特（1996）指出发展工业遗产旅游被作为一种大力寻求工业城市经济复兴的进程。赵美惠和申善熙（2012）认为资源枯竭型城市开发工业遗产旅游能够带动当地就业，缓解社会矛盾，刺激经济复苏，提升当地居民的自豪感。郭竟营和王琴梅（2008）分析了旅游业的自身特点，认为发展旅游业能够对资源枯竭型城市的转型起到很大的促进作用，包括提供和创造就业机会、优化和调整经济结构、促进跨区域交流与合作、使生态环境得到保护和改善以及改善城市的形象。戴学锋（2008）认为发展旅游业对于资源枯竭型城市具有特殊意义，因为旅游业是劳动密集型产业，就业门槛低，可以吸纳各种人员就业；旅游业的发展可以改善自然环境和人文环境，进而改善投资环境；同时旅游业发展可以带动人员、信息流的发展；最为重要的是旅游业作为外向型产业可以迅速带动地方经济的发展，因此他认为资源枯竭型城市适宜发展旅游业。江小蓉和龚志强（2009）认为旅游业因其低消耗、污染少等优势往往成为城市经济转型过程中的优先发展产业。沈非和黄薇薇（2007）认为旅游业对煤炭资源枯竭型城市经济发展的作用包括促进经济结构调整，实现产业多元化，增加就业机会，分流下岗人员，推进区域协作，树立城市形象。张耀军（2003）认为旅游业对资源型城市经济发展的作用与影响体现在以下几方面：发展旅游业可以促进资源型城市区域经济的发展、为当地居民提供就业机会、有利于资源型城市与其他区域间的交流与合作、有利于资源型城市所有制结构的调整。段学成等（2007）指出旅游业的三大效益是资源型城市可持续发展的巨大推动力，现代旅游业作为一个综合性产业，其经济效益、社会效益、环境效益日益突出，发展旅游业将对资源型城市的可持续发展起到巨大的推动作用。王联勋（2008）认为资源枯竭型城市不能简单直接地走再工业化的道路，而是通过旅游业的发展改善地区环境（基础设施和人文环境），提高知名度，增加人员、信息等要素的流动，在此基础上再实现新型工业化的发展，才是一条可行的道路。廖斌（2013）则从"资源诅咒"的视角阐释了旅游业在资源枯竭型城市转型中的特殊作用，如旅游业因其特殊的性质可以使资源枯竭型城市跳出"资源诅咒"的规律，充分利用旅游资源、产业资源和城市资源来促进城市的转型。杨振之（2013）以万盛为例阐述了旅游业在资源枯竭型城市转型中的带动作用，主要体现在旅游业将成为万盛经济开发区新的经济增长点、调整优化城市产业结构、缓解就业压力和保护生态环境四个方面。由此可以看出，上述学者们在探讨旅游业对于资源枯竭型城市转型的作用上基本上包括经济效益、社会效益和环境效益三个方面。

二是对资源枯竭型城市工业遗产旅游开发模式的研究，主要聚焦在如何开发资源枯竭型城市的工业遗迹、遗存、遗址等工业遗产资源。工业遗迹的旅游开发最早始于英国的工业考古项目。"工业考古"这个术语最早出现在19世纪末期的英国，到了20世纪50年代，工业考古开始受到普遍关注，考古对象从古代的工业遗存渐渐聚焦到特定的工业大发展时代所遗存下来的遗迹上。随着研究的深入，对工业遗产的研究也从考古研究转移到以保护为重点的开发研究上来。矿业遗迹是资源枯竭型城市工业遗产中的重要组成部分，国外对于地质遗迹、矿业遗迹都有比较规范的保护性法规和做法。如美国、加拿大等发达国家，通常是依靠设置国家公园的方式对这类遗迹资源加以保护，也有通过设置专门的"矿山公园"来对采矿遗迹进行保护。目前有8处矿业遗迹作为人类文化遗产载入《世界遗产名录》，分别是智利塞维尔铜矿城、德国赖迈尔斯堡金矿山、德国弗尔克林根钢铁厂、德国埃森的矿业同盟工业区工业景观、波兰维利奇卡盐矿、瑞典法伦大铜山采矿区、英国卡莱纳冯工业区景观、德文特河谷工业区、墨西哥瓜纳华托古镇及周围银矿。国外通过打造矿业遗迹景观将优美的矿山环境与矿产开发遗迹融为一体，展示自然与人文历史，使之成为著名的旅游地，吸引大量世界各地游客观光、考察，如位于加拿大西部太平洋维多利亚岛的宝翠花园即是一座利用石灰石采矿场建设的私家旅游矿山公园，其占地面积达130英亩。有喷泉、彩雕、园艺馆等，吸引了大批游人。较为著名的矿山公园还有波兰的Wieliczka Salt Mines、希腊的Vagonetto Fokis Mining Park、意大利的Floristella Grottacal Mining Park、法国的Big Vein Mining Park、美国的Tonopah Historic Mining Park、日本的栅原铉山公园（铁矿）、澳大利亚索弗仑金山公园等。在理论研究方面，爱德华兹和乌尔德斯（Edwards & Lurdes，1996）将矿区工业遗产旅游产品分为四种类型：生产场景（productive attractions）、工艺过程场景（processing attractions）、运输系统场景（transport attractions）、社会文化场景（social-cultural attractions）。同时，他们还指出在矿场遗迹旅游开发中应注意四个方面的问题，包括由于旅游者传统审美观导致此类资源的吸引力较弱、遗迹修复和保护的成本较高、周边生态环境破坏较严重和旅游区位条件较差远离了传统客源地。普雷特斯（Pretes，2002）通过比较资源枯竭型城市波托西与道森、金伯利和巴拉腊特在工业遗迹旅游开发形式上的差异，总结出波托西富有特色的旅游开发模式。道森、金伯利和巴拉腊特在开发废弃的矿场、工地等工业遗迹资源时普遍采用博物馆、主题公园的形式，而波托西则将仍在运营的矿场开发成让游客可以体验矿工工作的真实场景，它不同于静态的博物馆，也不是动态的舞台模拟，而是原生态的展现。他认为在欧洲和北美是没有一家矿场允许人们像波托西这样的方式去参观的。巴列斯特罗斯和拉米雷斯（Ballesteros & Ramírez，2007）认为西班牙里奥汀托矿是矿场遗迹旅游开发的典型案例，包括矿业博物馆、保护与再现采矿铁路、修复城市建筑以及矿场游线组织等旅游项目。李蕾蕾（2002）系统介绍了德国鲁尔区工业遗产旅游的开发模式。她认为德国鲁尔区的实践过程与开发模式就是在废弃的工业旧址上通过保护和再利用原有的工业机器、生产设备、厂房建筑等，并改造成一种能够吸引现代人们了解工业文化和文明，同时具有独特的观光、休闲和旅游功能的新方式。此外她总结了鲁尔区内各个独立的工业遗产旅游地（点）的开发模式，包括博物馆模式、公共游憩空间模式、与购物旅游相结合的综合开发的三种模式。戴学锋（2006）认为资源枯竭型城市，例如，阜新要整体转型成为以工业遗产旅游为核心的旅游目的地，发展以工业遗产旅游为核心的旅游业对资源枯竭型城市具有重要意义。陈越（2007）阐述了以阜新为代表的资源枯竭型城市开发工业遗产旅游的条件与必要性，以及工业遗产旅游开发对阜新这类资源枯竭型城市具有的重要意义。赵香娥（2009）认为由于工业的无规划开采带来了严峻的环境问题，工业发展时期遗留下来的工业生产地，是大地上难以治愈的伤疤，而大量的废弃厂房、机器、设备和工人住房，清理的费用巨大。她指出工业遗产旅游把这些原本需要清理的"工业垃圾"作为资源，将其改造成具有"美感"的产品，实现了城市环境的优化。同时对资源枯竭型城市发展工业遗产旅游的模式做了相关探讨，提出了博物馆模式、景观再造模式和再生利用模式。张欣和姚雪营（2010）指出资源枯竭型城市的工业旅游产品开发不足，产品创意乏味。在环保意识不断增强的今天，如何通过设计尽可能地减少对自然环境的负影响并增强其自我调节能力成为设计师所关心的问题。许多资源型城市在矿藏资源枯竭后，在城市中或周边形成了大量的工业废弃用地，这些废弃用地的产生在一定程度上破坏了环境的自我调节能力。罗萍嘉等（2011）通过对徐州九里区采煤塌陷地进行再利用规划研究，从景观生态学的视角总结出塌陷地再利用规划的原则以及基本技术手段，从而实现变负债为资产的目标，完善矿业城市生态格局与空间格局、实现资源型城市的可持续发展。孟丹（2011）从生态系统中的建筑和环境两方面来探讨矿业型工业废弃地的改造情况，从矿业废弃地中特殊的地貌——矿区边缘、格构区、平盘区、露天采场底部、采空区及塌陷区等区域，分别探讨废弃地中建筑的文脉、情感、空间、形象等建筑再生情况；从矿业废弃地中的土壤、水资源、植被、工业景观等方面探讨环境再生情况。最后将其融合起来形成一个矿业型工业废弃地的生态大系统，并总结出五种矿业型工业废弃地的再生模式。徐柯健和布热津斯基（Brezinski，2013）利用工业遗产开展工业遗产旅游，一方面能保护工业遗产，另一方面在保护开发的基础上实现工业废弃地的景观重置和生态重建，并取得社会经济生态等综合效益。

同时，他们还认为工业废弃地场所精神的保留是旅游目的地建设的关键。叶红（2013）指出资源枯竭型城市实现旅游转型的路径有三个方面，即选择城市未开发的具有潜在开发价值的区域（或称为绿地区）进行旅游开发、城市棕地地块进行再评价与创新开发和城市新吸引物的创造。任宣羽和杨淇钧（2013）认为对资源枯竭型城市工业废弃地的更新利用应以旅游为视角，并以自身的特点和现状为依托，充分结合旅游业进行高水准的后工业化再利用。刘宇和周雅琴（2018）指出工业旅游可以成为矿业遗产活化利用的有效模式，与创意产业的结合能够实现传统产业链的转型升级，提升资源枯竭型城市发展的后发优势，实现产业转型升级。

三是对资源枯竭型城市工业遗产旅游发展的个案研究，主要选取某个资源枯竭型城市作为研究案例，进行相关探讨。曼斯费尔德（Mansfeld，1992）将以色列海法市作为案例，提出"工业景观"概念，他认为旅游与工业在一定环境背景下可以相互结合，共同为资源枯竭型城市的经济转型提供持续的发展力量。杰夫·甘玛（Jeff Gammage，1998）在1998年3月18日的《费城询问报》（*The Philadelphia Inquirer*）[①] 中介绍到：美国俄亥俄州小镇 New Rumley 通过发掘当地名人文化发展旅游业，使一个因矿而生的小镇从资源枯竭、产业衰退的现状转型为一个新兴的旅游小镇；俄亥俄州东北部城市斯托本威尔因当地煤矿、铁矿资源的枯竭，财政一度陷入危机，但当地政府转换思路进行旅游开发活动，邀请国内艺术家创作城市壁画，吸引周边旅游者前来观光旅游，同样收到了很好的效果。普雷特斯（Pretes，2002）以世界遗产玻利维亚波托西为例从社区居民和旅游者的角度阐述了资源枯竭型城市旅游开发的经济效益和社会效益。一方面，利用遗弃的工业和矿场地进行旅游开发可以刺激饱受经济衰退困扰的资源枯竭型城市经济发展，当地居民通过为游客提供讲解、餐饮、住宿等旅游服务，既获得再就业机会，也从中获得一定物质收入，提高生活水平；另一方面，旅游者通过旅游与当地居民进行交谈，并受邀参观他们的工作场所，从而获得旅游需求上的满足，更为重要的是，这些遗产遗迹是当地居民自我认知、社区特质的象征，见证了该地区曾经的辉煌和繁荣，通过旅游者与居民的互动，有助

[①] 《费城询问报》（*The Philadelphia Inquirer*）是由约翰·R. 沃克及约翰·诺维尔于1829年6月创办，在美国宾夕法尼亚州费城市区发行的一份每日晨报。《费城询问报》赢得了19个普利策奖，平均报纸发行量位居美国前列。

于加强当地人的自豪感和自尊感。旅游开发有效地缓解了资源枯竭型城市所存在的经济、社会问题，同时还刺激了为保护传统建筑而进行的投资的增加。巴列斯特罗斯和拉米雷斯（Hernández-Ramírez & Ruiz-Ballesteros，2005）认为西班牙安达鲁西亚南部的里奥汀托矿是矿场遗迹旅游开发的最好例子，主要包括矿业博物馆、保护与再现采矿铁路、修复城市建筑以及矿场游线组织等旅游项目。田野（2007）认为RVR协会根据IBA计划所制定的"工业遗产旅游之路"RI（Route Industries）计划，即区域性的专题旅游线路，实现了工业遗产旅游由零星景点的独立开发向一个区域性的旅游目的地的战略开发的转变。科内萨等（2008）以西班牙卡塔赫纳联合矿场为案例，探讨该地区旅游开发时如何处理好环境、文化保护和经济发展之间平衡关系。此外，章锦河和陆林（2001）以淮南市为例探讨了资源型城市旅游形象设计。张耀军等（2003）以铜川市为例分析资源型城市转型与旅游资源开发，提出了资源型城市发展特色旅游业的对策。"焦作现象"是资源枯竭型城市发展旅游业进行转型的成功经典案例，在学术界受到了广泛的关注和讨论，如杨家卿（2004）、常捷等（2005）、张金山（2007）、夏林根（2007）、王联勋（2008）、戴学锋（2008）、殷实（2009）等分别从发展模式、旅游形象、政策措施、旅游营销等方面对"焦作现象"进行了深入的探讨和解读，为国内资源枯竭型城市转型提供了思路和建议。李大伟和王景育（2008）以平顶山为例指出平顶山市作为资源枯竭型城市的旅游资源开发原则和方向，并提出平顶山市旅游业发展的主要路径。范晓君（2008）以阜新为例从利益相关者角度探讨阜新工业遗产旅游资源的循环利用优化模式，试图寻找一条适合东北老工业基地资源利用开发的可持续发展道路。魏震铭（2008）以阜新为例分析了海州煤矿工业遗产旅游吸引物具有历史吸引力、社会文化吸引力、审美启智吸引力、科技吸引力、独特吸引力和稀缺吸引力，并提出修旧如旧、黑色文化、安全探险、观光体验、休闲娱乐等旅游开发思路。郭竟营和王琴梅（2008）以铜川市为例分析资源枯竭型城市经济转型中发展旅游业的可行性，并提出了资源型城市发展工业遗产旅游的战略构想。段学成等（2007）、沈非和黄薇薇（2007）分别以临汾和淮北市为例探讨了资源型城市旅游资源的开发问题。李文华和武邦涛（2009）以徐州市为例探讨了煤炭资源枯竭城市发展旅游业的条件，并对徐州旅游业发展进行了规划。李贵红（2010）以阳泉市为例论述了以旅游业发展推动资源型城市转型的现实意义，并分析了阳泉市旅游资源在城市转型发展中的比较优势及其发展旅游业存在的问题，在此基础上提出了阳泉市发展壮大旅游产业的举措。刘金林（2016）认为资源枯竭型城市黄石市应通过开辟工业遗产文化旅游线路，打造工业遗产文化旅游品牌等方式，促进资源枯竭型城市成功转型。

资源枯竭型城市可持续发展不仅是要实现产业转型升级，还要全面优化城市软环境，重塑矿业城市形象，改善城市生态环境，最终实现城市经济、社会和环境的全方位可持续发展（张大鹏，2015）。现有研究仅从工业遗产旅游开发的角度探讨旅游业在资源枯竭型城市转型中的作用，未能充分将资源枯竭型城市作为全域旅游目的地的开发红利转化为城市高质量转型发展的新动能和新机遇，这显然存在一定的局限性。但这些研究为我们进一步从旅游业的整体视角思考资源枯竭型城市高质量转型发展问题提供了很好的理论基础和经验借鉴。

第三，资源枯竭型城市开发旅游业促进高质量转型发展的相关实践和业界热议较多，而相应的理论探索明显滞后，尤其缺乏对旅游业推动资源枯竭型城市转型发展的作用机制、效果评价与创新路径研究。近年来，许多资源枯竭型城市都将全域旅游作为城市转型和高质量发展的新引擎，通过大力发展全域旅游、创新城市发展理念、优化城市发展软环境、发挥旅游业资源消耗低、关联带动性强、就业机会多、综合效益好的优势，从而起到"一业兴、百业旺"的辐射带动作用。如湖北黄石市、重庆市万盛区（肖猛，2018）、兰州市红古区（唐相龙，2017）、唐山市（郝迎成，2016）和鄂尔多斯（苗俊杰和张溁，2018）等资源枯竭型城市。然而相较于资源枯竭型城市热火朝天的全域旅游发展实践，与此相适应的理论研究还停留在描述性分析和经验认识层面，如王红等（2017）认为全域旅游为旅游目的地建设注入了全新理念，也对资源枯竭型城市转型旅游业的发展带来契机。蒋作明（2017）论述了新时期淮北市实施全域旅游发展战略对城市转型崛起的必要性。这些研究为我们进一步探索旅游业推动资源枯竭型城市转型发展的作用机制和实现路径研究提供了方向和理论基础。

二、文献述评

从研究的时间段来看，2008年以来，有关资源枯竭型城市转型与旅游业发展的相关研究越来越多。这主要是因为近年来，国家分三次审批确定了共69座资源枯竭型城市的名单，由此可见国家的重视程度。由于国家对资源枯竭型城市在政策上的倾斜和照顾，其中大部分城市在经济转型中都不约而同地选择了大力发展旅游业这条道路，因此相关研究也就越来越多。

从研究的类型来看，绝大多数文章属于案例研究。研究者选择某个典型的资源枯竭型城市作为个案，根据个案的实际情况，从旅游的视角来研究资源枯竭型城市如何进行旅游开发。

从研究的选题来看，国内研究者在个案的基础上，偏重于旅游资源开发和旅游形象重塑两个方面的选题研究。有半数以上的研究者都将鲁尔工业区和焦作市的成功经验在研究个案的过程中进行了不同程度的借鉴、嫁接和沿袭。由此可见"鲁尔模式"和"焦作现象"对于旅游业推动资源枯竭型城市转型发展的借鉴和指导意义影响深远。但发展旅游业的途径对于所有资源枯竭型城市的经济转型是否都是可取良策还尚未进行研究，学者们看到的只是旅游业对于资源枯竭型城市发展的积极一面，而忽视了在发展过程中可能会存在的问题，而这些问题又可能反过来阻碍资源枯竭型城市的可持续发展，使其陷入又一个发展困境中。

从研究的广度和深度来看，国内研究者在研究的广度上主要涉及资源枯竭型城市旅游资源开发和旅游形象重塑两个方面。由于资源枯竭型城市的特殊性，其与一般的城市旅游开发还是有较大的差异，而这种差异主要体现在其资源和形象上。这也是国内研究者大多研究这两方面的原因，但在发展旅游业推动资源枯竭型城市转型的过程中，也面临着很多问题，如旅游业与其他产业的协调问题、发展旅游业可能会对资源枯竭型城市造成负面效应等。国内学者们对于旅游业推动资源枯竭型城市转型发展的研究还停留在介绍国外经验与案例研究层面，而对旅游业推动资源枯竭型城市转型发展的效率和效果还缺乏实证检验。

总体来说，国外学者对于旅游业与资源枯竭型城市转型发展的研究早于我国相关研究。其次，从研究主题上看，国外学者的研究主要有资源枯竭型城市中工业遗产旅游资源的保护与开发、资源枯竭型城市旅游发展影响、资源枯竭型城市旅游开发模式等方面，同样地，国内学者也重点关注工业遗产旅游资源在资源枯竭型城市中的利用和开发，但有很多学者侧重于通过介绍德国鲁尔工业区的经验来指导国内资源枯竭型城市通过发展旅游业促进城市转型，而对资源枯竭型城市自身特点的把握不够准确，甚至有盲目模仿"鲁尔模式"和照搬"焦作现象"之嫌。

综上所述，尽管诸多学者做了富有成效的探索，但还存在如下不足：

（1）大多文献集中于资源枯竭型城市经济转型问题的现实对策性研究，但对资源枯竭型城市高质量转型发展的前瞻性研究有待进一步探索；

（2）虽有较多文献探讨了工业遗产旅游促进资源枯竭型城市的可持续发展问题，但工业遗产旅游的局部视角无法全面揭示旅游业推动资源枯竭型城市转型发展的重要作用；

（3）从旅游业整体视角探讨资源枯竭型城市转型发展的理论研究明显滞后于各地资源枯竭型城市的相关实践活动。围绕旅游业推动资源枯竭型城市转型发展的系统性和创新性研究还有待进一步深化。

第三节 研究思路、方法与重点

一、研究思路与研究方法

（一）研究思路

本书选择旅游业推动资源枯竭型城市的转型发展进行研究。首先，按照题目与主题内容检索国内外已有的相关研究文献，将搜集到的文献资料进行整理筛查，在文献回顾与述评的基础上，准确把握国内外相关研究的发展脉络、主题热点、理论方法及未来趋势。通过梳理文献，发现旅游业推动资源枯竭型城市的转型发展问题确实是国内外学术界研究的热点和重点。而且，基于我国资源枯竭型城市谋求经济转型的迫切需求，以及其他资源型城市未雨绸缪的战略需要，旅游业推动资源枯竭型城市转型的研究具有重大的理论价值和现实意义。但从现有成果来看，目前围绕旅游业推动资源枯竭型城市转型的系统性和创新性研究还不够丰富。我国资源枯竭型城市数量大、地域分布广、城市类型多、转型压力大，通过发展旅游业促进经济转型是资源枯竭型城市的现实诉求。因此关于旅游业推动资源枯竭型城市转型的系统研究和创新思路就显得十分必要，其理论和实践价值不言而喻。

结合资源枯竭型城市的具体特点、转型要求和旅游发展的需要，本书确定相关理论作为研究的支撑，即可持续发展理论、旅游学理论、产业经济学理论和景观生态学理论。

首先，本书借助相关理论的指导，分析资源枯竭型城市转型的现实诉求和旅游业对城市转型的独特作用，明确了旅游业推动资源枯竭型城市转型发展的作用机制。随后对转型背景下资源枯竭型城市旅游发展的现状进行全景扫描，厘清旅游资源及景区开发现状，剖析旅游形象定位，分析旅游产业的发展阶段和规模，从而把握资源枯竭型城市转型中旅游业发展的总体情况，为后续研究提供依据。

其次，选取资源枯竭型城市中24个地级市2004~2016年的面板数据作为样本，分别利用随机前沿分析方法（SFA）和面板门槛模型（PTR）对旅游业推动资源枯竭型城市的转型效率和转型效果进行实证研究，并探讨旅游业对转型效率和转型效果的相关影响因素。

再次，选取旅游业推动资源枯竭型城市转型发展的国内外成功案例进行多点透视，对所选的典型案例进行多维度、多视角、多层次的聚焦和解构，以能够从案例的表象透视其内在的理论逻辑和经验实质，总结出共性和特色的做法，为后续研究提供借鉴。

最后，对旅游业推动资源枯竭型城市转型的对策体系进行深入探讨，以期为资源枯竭型城市转型中旅游业的可持续和高质量发展提供相关建议，以及为资源枯竭型城市转型发展提供相关指导。根据本书的研究思路，绘制出相应的技术路线图，如图1-1所示。

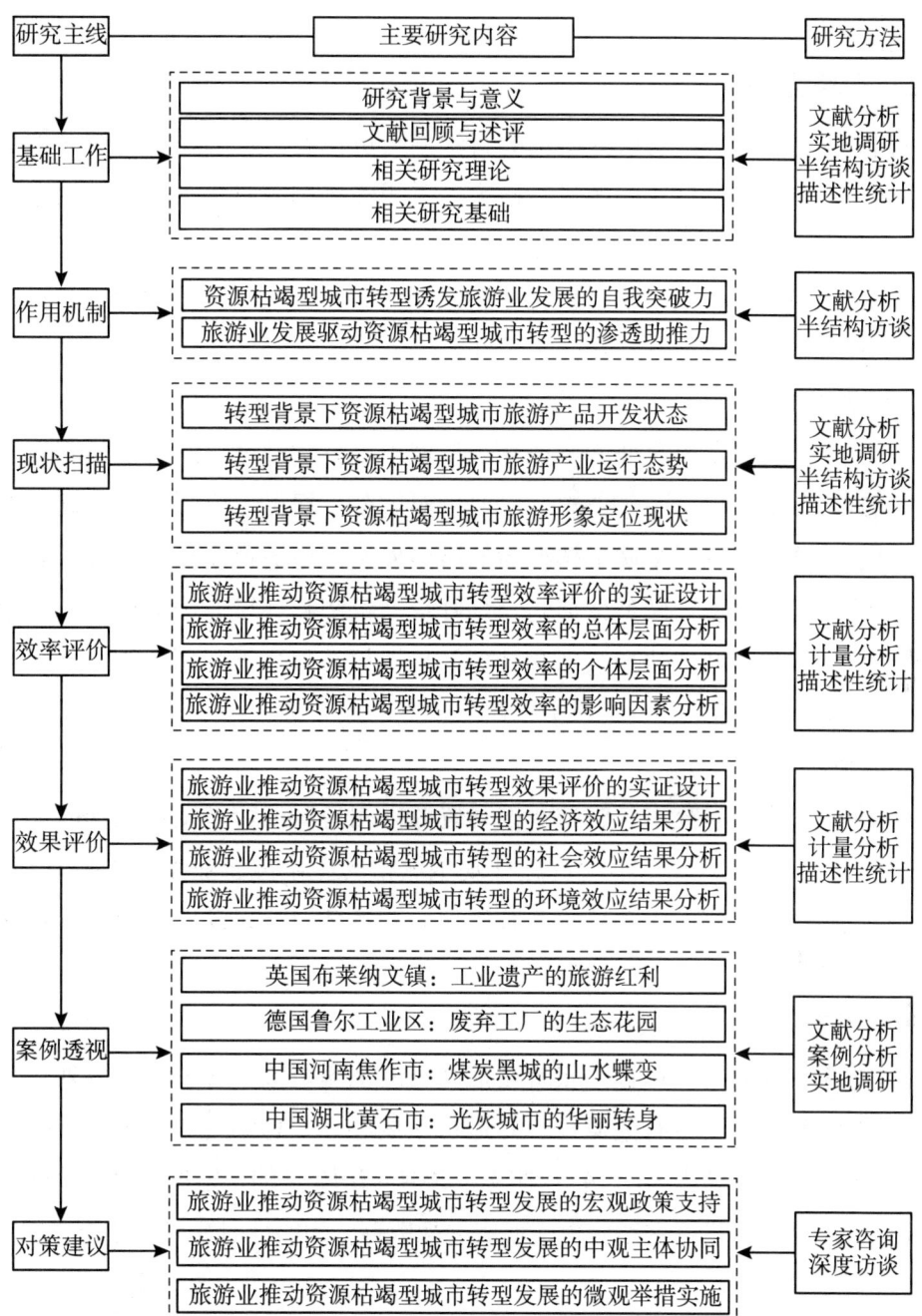

图1-1 旅游业推动资源枯竭型城市转型发展研究技术路线图

资料来源：作者自绘。

(二) 研究方法

研究方法直接决定着研究结论的科学性与可信度。本书围绕旅游业推动资源枯竭型城市转型发展的问题进行研究，采用多种调查方法和分析方法进行纠偏和验证，竭力克服单一研究方法和分析技术导致研究结论的片面性。在系统分析方法的指导下，以现状分析为本，以量化评价为尺，以案例透视为镜，以对策分析为术，所运用研究方法具体如下：

1. 实地考察法

利用实地考察法对典型的资源枯竭型城市进行实地调研，对其旅游发展状况进行现场体验和搜集一手资料。同时，对同伴、居民、经营者以闲聊、会话的方式，围绕资源枯竭型城市转型中的旅游发展问题进行交谈，深入了解旅游业推动资源枯竭型城市转型发展对当地社会、经济和环境方面的影响，为旅游业推动资源枯竭型城市转型效率和转型效果评价结果分析和创新旅游业发展路径提供依据。

2. 案例研究法

本书通过案例研究法对旅游业推动资源枯竭型城市转型发展的国内外典型案例进行归纳分析，总结不同资源枯竭型城市转型中旅游业发展的成功经验，并进行比较，分析案例成功经验的共性之处和特色做法，以期为对策体系研究提供参考依据。

3. 文献研究法

本书采用文献研究对有关旅游业推动资源枯竭型城市转型的国内外研究成果进行文献综述，明确有关概念，并进行系统述评，总结现有研究的不足。此外，对资源枯竭型城市中的 24 个地级市 2004～2016 年的年鉴统计文献、政府官方文件和网络资料进行整理分析，形成面板数据，为实证研究提供数据资料。

4. 计量分析法

本书分别运用了随机分析方法（SFA）和面板门槛模型（PTR）等计量分析方法对旅游业推动资源枯竭型城市转型效率和转型效果进行实证研究，根据定量评价的结果分析相关影响因素。

5. 深度访谈法

利用专家咨询和深度访谈法分析旅游业与资源枯竭型城市转型发展要求的

关联性研究，探索旅游业推动资源枯竭型城市转型发展的作用机制。

二、研究的重点与创新点

（一）研究的重点

（1）全景扫描转型背景下资源枯竭型城市旅游业发展的现状，摸清资源枯竭型城市旅游发展的脉络和态势；针对典型案例进行多点透视，通过国内外案例对比分析，总结可供借鉴的经验。

（2）量化评价旅游业推动资源枯竭型城市的转型效率和转型效果，在 24 个资源枯竭型城市（地级市）2004～2016 年共 13 年面板数据的基础上，分别利用随机前沿分析方法（SFA）和面板门槛模型（PTR）进行定量研究，并探讨旅游业推动城市转型效率和转型效果的相关影响因素。

（3）深入探讨旅游业推动资源枯竭型城市转型的对策建议体系，根据全景扫描、量化评价和案例透视的相关结果分析，从宏观、中观和微观三个层面探讨旅游业推动资源枯竭型城市转型的对策建议。其中宏观层面包括扩大旅游发展政策的优惠幅度、构建旅游发展政策的多级梯度、提高旅游发展政策的瞄准精度三个方面的宏观政策支持建议；中观层面包括树立资源枯竭型城市政府部门的全域主导意识、提升资源枯竭型城市社会公众的全面参与意识和强化资源枯竭型城市市场主体的全面创新意识；微观层面包括活化旅游资源、优化旅游产品、美化旅游形象、孵化旅游产业和强化旅游品牌等"五化"微观举措。从而实现重启经济增长动力源、重育新兴消费增长点、重塑社会发展软环境、重构产业结构新格局和重振城市综合竞争力。

（二）研究的创新点

本书主要创新点归纳如下：

（1）揭示旅游业推动资源枯竭型城市转型发展的作用机制，为资源枯竭型城市科学发展旅游业提供了新的理论支撑点。通过搭建城市可持续发展理论、旅游学理论的交叉研究平台，一方面对资源枯竭型城市为了可持续发展而必须进行转型的现实诉求展开分析，得出"破陈规，立新业""破旧颜，立新貌""破旧制，立新观"三个由内而外的自我突破力；另一方面对旅游业在资源枯竭型城市转型中的作用进行剖析，发现旅游业通过发挥其强大的产业关联性特质渗透资源枯竭型城市的各行各业中，对城市经济复苏振兴、环境改善优化和社会和谐发展产生助推作用力。从而形成了能够促使两者相互耦合的作用力，即资源枯竭型城市由内而外的自我突破力和旅游业从外向内的渗透助推力，这两股力量构成了旅游业推动资源枯竭型城市转型旅游发展的作用机制。

（2）实证评价旅游业推动资源枯竭型城市转型效率与转型效果，并分析相关影响因素，为定量研究旅游业推动资源枯竭型城市转型绩效提供了新的方法。一方面，运用SFA方法对24个资源枯竭型城市的旅游业推动城市转型效率进行综合评价。研究结果发现，旅游推动资源枯竭型城市转型的效率呈现上升趋势，但总体水平不高，还存在较大改进空间；另一方面，运用面板门槛模型（PTR）实证检验发现，旅游业推动资源枯竭型城市转型的经济效应存在先增后减的倒"U"形非线性作用，对资源枯竭型城市转型的社会效应表征出先减后增的正"U"形关系，对资源枯竭型城市转型的环境效应具有显著正向作用。

（3）系统设计旅游业推动资源枯竭型城市转型的对策建议体系，为实践指导资源枯竭型城市转型中的旅游发展提供了新的思路途径。通过现状扫描分析存在的问题，效率与效应评价揭示影响因素，案例透视挖掘借鉴经验，在此基础上从宏观层面、中观层面和微观层面深入探讨旅游业推动资源枯竭型城市转型发展的对策建议体系。第一，在宏观政策支持上，应扩大旅游发展政策的优惠幅度、构建旅游发展政策的多级梯度和提高旅游发展政策的瞄准精度；第二，在中观主体协同上，应树立资源枯竭型城市政府部门的全域主导意识，提升资源枯竭型城市社会公众的全面参与意识和强化资源枯竭型城市市场主体的全面创新意识；第三，在微观举措实施上，提出推动资源枯竭型城市转型发展的举措实施建议，包括"活化旅游资源，重启经济增长动力源""优化旅游产品，重育新兴消费增长点""美化旅游形象，重塑社会发展软环境""孵化旅游产业，重构产业结构新格局""强化旅游品牌，重振城市综合竞争力"五个方面。

本 章 小 结

本章首先从国家高度重视资源枯竭型城市转型与可持续发展的问题、学术界广泛关注旅游业推动资源枯竭型城市转型发展的问题和资源枯竭型城市面临新的旅游发展机遇问题入手，明确旅游业推动资源枯竭型城市转型发展问题系统研究的重要性和紧迫性，阐述研究的理论价值和实践意义。

通过国内外文献综述与比较，发现资源枯竭型城市转型与旅游发展研究是国内外旅游学研究领域中的重点和热点问题。随着国内资源枯竭型城市转型压力的加剧和城市可持续发展的战略需要，旅游业推动资源枯竭型城市转型发展的研究成为学术界探索的重要领域，但有关的系统研究成果较少。

综合运用实地考察、案例研究、文献研究等方法收集资料和数据。根据研究目的，相应地采用 SFA 模型和 PTR 模型分别实证评价旅游业推动资源枯竭型城市转型效率和转型效果。同时，阐述了研究过程中的重点问题和本书研究的创新点。

本章完成了前期的构思和研究设计，为全书研究的顺利展开奠定基础。

第二章
相关理论与研究基础

旅游业推动资源枯竭型城市转型发展的问题研究涉及城市规划学、产业经济学、旅游学、景观生态学等相关学科理论，具有明显的交叉学科研究的特征。本章主要简述了城市可持续发展理论、旅游学理论、景观生态学、产业经济学和产业融合等相关理论，以及这些理论对本书研究的指导作用。此外，本章对资源枯竭型城市的概念界定与发展概况、城市发展面临的问题与困境、资源枯竭型城市演进和转型的基本情况进行相关简述，为后续研究奠定基础。

第一节 相关理论

通过对相关理论的简述和分析，明确本书所要解决问题的理论支撑点和逻辑关系。如何运用城市可持续发展理论指导资源枯竭型城市走上复兴之路？如何运用旅游学相关理论指导资源枯竭型城市转型发展？如何运用产业经济学相关理论指导资源枯竭型城市转型中的旅游产业发展与其他产业的融合共进？如何运用景观生态学理论指导转型背景下的资源枯竭型城市旅游产品开发？这将在本节中一一回答。

一、城市可持续发展理论

（一）可持续发展

国际自然与自然资源保护同盟（International Union for Conservation of Nature and Natural Resources）和世界野生生物基金会（world wildlife fund）在1980年发表的《自然资源保护大纲》中提到"必须确定自然的、社会的、生态的、经济的以及利用自然资源过程中的基本关系，确保全球可持续发展"，这是国际社会首次提出了可持续发展这一命题。1987年，挪威首相布伦特兰夫人在《我们共同的未来》（Our Common Future）研究报告中更进一步指出："可持续发展是既满足当代人的需求，又不损害子孙后代满足其需求能力的发展。"该报告发表以来，可持续发展的理念在世界范围内得到了各国的认可。它强调了公平性原则、持续性原则和共同性原则，是被国际社会普遍所接受的可持续发展概念，是人类解决环境与发展问题的根本原则。"可持续发展"这一命题从此迅速在自然科学领域和社会科学领域中受到广泛关注，成为诸多学科研究的热点和前沿。可持续发展问题之所以成为研究热点，其原因就是人类发展已经陷入传统的依靠对自然界的掠夺和破坏环境来发展经济而产生的困境中，自然界各种灾害不断发生，给社会带来了很大破坏，阻碍了人类社会的可持续发展。人们不得不注意到，要创造舒适的生存条件，满足日益增长的物质与文化需求，就必须通晓环境的演变规律，认识环境的结构与功能，维护环境的生产能力、恢复能力和补偿能力，使经济和社会发展不超过环境的容许极限，以满足人类的生存生活需要，这就需要合理调节人类与自然的关系，正确协调经济社会发展和环境保护的关系。当前，资源枯竭型城市由于掠夺式开采和粗放式发展衍生了严重的环境问题，城市生态环境遭到严重破坏，空气污染、土壤污染和水体污染等自然环境破坏已经严重影响城市居民的生活质量，乃至生存问题。因此，资源枯竭型城市转型要以可持续发展为目标，提高城市发展质量。

（二）城市可持续发展

城市是一个复杂的有机系统，从整个系统的可持续发展上来说，环境可持续性是基础，经济可持续性是条件，社会可持续性是目的，制度可持续性是保障。因此，城市可持续发展可以定义为在一定的时空尺度上，以城市长期持续的增长及其结构的不断优化，实现包括经济系统的可持续、环境系统的可持续、社会系统的可持续和制度系统的可持续（王焰新，2002）。在满足城市当前发展需求和正确评估城市未来需求的基础上，满足城市未来发展的需求。可以说，城市可持续发展是城市功能、结构、规模、数量由小到大、由简单到复杂、由非持续性到可持续性，不断追求其内在潜力得以实现的有序动态过程（梁家伟，2007）。

城市可持续发展是一种全新的城市发展观，是指在一定的时空尺度上，以适度的人口、高素质的劳动力和高级化的产业结构推动经济高质量增长，实现资源持久性利用（王启仿和汤波，2002）。城市可持续发展的核心是在保证城市经济效率和生活质量的前提下，使能源和其他自然资源的消费与污染最小化，使之既能满足当代城市发展的现实需要，又不影响城市未来的发展。城市可持续发展理论包含四个层面，即资源、环境、经济与社会。从资源角度来看，城市可持续发展是一个城市不断追求内在自然潜力的过程，目的在于建立一个以生存容量为基础的绿色花园城市。城市要实现可持续发展，必须合理地利用自身资源，寻求一个友好的使用过程，不仅为当代人着想，同时兼顾子孙后代。资源开发利用程度的平衡，是可持续发展必须遵循的一个原则。从环境角度来看，城市可持续发展是公众不断改善自然、人文环境，并为全球可持续发展做出贡献的过程。美国学者恰林基（Tjallingii）在谈到越来越严重的城市环境问题时指出，绝对不能随意地把这些环境问题留给后代，这是一种责任与义务，他从这一特性出发称可持续城市为责任城市（张晓霞，2012）。从经济角度来看，城市可持续发展是指在全球实施可持续发展的过程中城市系统结构与功能相互协调，围绕生产过程这一中心环节，通过均衡地分布农业、工业、交通等城市活动，促使城市新的结构、功能与原有结构、功能及其内部的和谐统一，主要通过政府的规划行为实现。从社会角度来说，城市可持续发展在社会方面应追求一个人类相互交流、信息传播和文化得到极大发展的城市，以富有生机、稳定、公平为标志，没有犯罪。恰林基指出可持续城市社会特性包含两个方面：一是可持续城市是生活城（living city），应充分发挥生态潜力为健康的城市服务，不仅把城市作为整体考虑，应使不同的环境适应城市中不同年龄人群生活方式的需要；二是可持续城市是市民参与的城市（participating city），应使公众、社团、政府机构等所有的人积极参与城市问题讨论以及城市决策。

城市可持续发展是"社会—经济—生态"三维复合的协调发展（康玲芬等，2017）。传统的发展观是以生态环境的破坏、社会公平丧失为代价的，而城市可持续发展要求以尽可能少的生态和社会代价达到有质量的经济增长，追求社会、经济、生态三方面协调发展。从生态系统的功能看，可持续发展的城市是生态城市，即能量流和物流效率高而废物流低的城市。按照系统动力学的基本原理，城市可持续发展强调融合能力，其关键在于城市各要素的平衡匹配，以实现社会活动、经济活动、载体功能以及生态环境的和谐，从而实现城市整体发展的良性循环。

(三) 资源枯竭型城市的可持续发展

从城市可持续发展的标准和要求来看，资源枯竭型城市传统粗放式的发展手段和目前的发展现状显然与可持续发展的内涵不相协调，甚至背道而驰。在传统计划经济体制下以及"先生产，后治理"的传统观念下开发利用资源，由此导致了资源枯竭型城市面临着经济衰退、社会矛盾和环境破坏的三重压力，犹如"三座大山"压在已经被挖空资源的城市之上，令城市的长远发展不堪重负。因此，资源枯竭型城市转型就必须遵循可持续发展理论，注重社会、经济、环境的协调发展，而不能重蹈覆辙以破坏资源和环境为代价来换取经济的快速增长。资源枯竭型城市的可持续发展是我国目前贯彻科学发展观，建设和谐社会的一个重要环节，这一环节对优化升级国家产业结构，维护自然生态平衡，转变经济增长方式乃至社会的长治久安都有重要影响（张秀生和陈慧女，2009）。

资源枯竭型城市要实现可持续发展，必须以城市可持续发展理论为指导，改变目前对资源的高度依赖性和粗放式的开发方式，科学合理开发剩余资源，寻找替代资源，延缓资源消耗速度和提高资源利用效率。同时还要大力培育和发展新兴产业，积极培育和发展新的经济增长点，促进产业结构调整与优化；大力治理环境污染，恢复生态平衡；大力发展科技、教育、文化、卫生等社会事业，提高市民素质，建设资源节约型与环境友好型社会，实现人与社会的全面和谐发展。

旅游业被称为21世纪朝阳产业，有无烟工业、绿色产业的美誉，旅游业发展方式符合可持续发展的内涵要求，因此资源枯竭型城市可以通过发展旅游业来促进城市的可持续发展。旅游业在城市可持续发展中能够充当活性剂的作用，能够激活城市发展的潜力、激发城市发展的动力、改善投资环境、形成良性循环，推动资源枯竭型城市转型与可持续发展。

二、旅游学相关理论

旅游学相关理论主要解决旅游业在推动资源枯竭型城市转型发展中有哪些

作用？如何拓宽旅游资源的视野？如何看待资源枯竭型城市工业废弃地与旅游的关系？旅游的目的和载体是什么？转型背景下资源枯竭型城市如何去规划发展旅游业？这是需要利用旅游学相关理论阐释和解决的问题，从而进一步需要利用景观生态学理论指导改造资源枯竭型城市中的工业废弃地等资源，设计创意景观，为旅游业所利用。

（一）旅游产业关联理论

产业关联是指产业之间以各种投入品和产出品为纽带的经济技术联系及其联系方式。产业关联理论是从量的角度对产业之间联系的考察，利用投入产出表及建立在此基础上的各种指标和分析工具，对产业之间的结构比例、关联效应和波及问题进行分析的重要理论。产业关联理论侧重于研究产业之间的中间投入和中间产出之间的关系，能很好地反映各产业的中间投入和中间需求，这是产业关联理论区别于产业结构和产业组织理论的一个主要特征。在此基础上，还可以分析各相关产业的关联关系（包括前向关联和后向关联等）、产业的波及效果（包括产业感应度和影响力、生产的最终依赖度以及就业和资本的需求量）等（丰志培和刘志迎，2005）。

旅游产业是一项开放、关联程度极高的新型产业，随着旅游产业的发展，其对经济的拉动作用逐步显现。旅游产业的经济关联由旅游产业关联方式、关联分析和关联度等内容构成。旅游产业关联方式是指旅游产业与相关产业或部门发生联系的依托或基础以及产业之间相互依存的不同类型，是分析产业关联程度的切入点或分析依据之一。旅游产业关联度较高，通过旅游产业的辐射效应与乘数效应，可以带动其他相关产业发展，使其成为核心产业并具有重要作用。根据国际上的研究，旅游涉及国民经济的 109 个产业，按国内的实际操作，旅游涉及 39 个部门，对与之关联的建筑、交通、饭店、餐饮、娱乐、商贸、工艺美术以及工农业的许多行业都能起到直接或间接的带动作用（田里，2002）。同时，旅游产业具有创造增量的特性，使其发展主要依靠创造增量，而不是争夺存量，可使旅游业的各个相关部门、相关行业锦上添花，成为构建和谐社会的融合点。

旅游产业的强关联性为资源枯竭型城市转型中发展旅游业并带动其他产业发展，复苏经济和促进转型提供了理论支点。

(二) 工业遗产旅游

资源枯竭型城市相较于其他城市有着丰富的工业遗迹资源，在开发工业遗产旅游方面具有得天独厚的先天优势，因此有必要对工业遗产旅游相关概念和理论进行阐述。

1. 工业遗产旅游的内涵

工业遗产作为具有历史价值、技术价值、社会意识、建筑或科研价值的工业文化遗存，在西方国家一直被认为是文化遗产旅游的一部分，因为它所依托开展的工业遗产具有历史纪念物、考古遗址和建筑群三类文化遗产的共同点。爱德华兹和乌尔德斯（Edwards & Lurdé，1996）指出，工业遗产旅游也叫"工业文化"，是一种从工业考古、工业遗产保护而发展起来的新型旅游形式。其特点是在废弃的工业旧址上，通过保护性再利用原有的工业机器、生产设备、厂房建筑等，形成能够吸引现代人们了解工业文明，同时具有独特的观光、休闲功能的新型文化旅游方式。在展示与工业遗产资源相关的服务项目过程中，为参观者提供高质量的旅游产品，营造一个开放、富有创意和活力的旅游氛围。通过寻求工业遗产与环境相融合，成为工业遗产保护的积极因素，从而促进对工业发展历史上所遗留下来的文化价值的保护、整合和发扬。在工业遗产分布密集的地区，可以通过建立工业遗产旅游线路，形成规模效益。格拉汉姆（2001）把工业遗产旅游归因于人们的"怀旧情结"——尽管工业时代还未真正成为过去，但信息时代对传统生活的颠覆、大都市的"逆工业化"趋势，以及"后现代"的来临，使人们产生了对工业技术以及这种技术所衍生的社会生活的怀念和失落感，进而催生了"后现代博物馆文化"，即传统的工矿企业成为人们体验和追忆过去的场所。

2. 工业遗产旅游的意义

开发工业遗产旅游可改善资源枯竭型城市工矿区及周边地区居民的生活条件、修复生态环境，创建宜居环境，扭转城市负面形象、激发资源枯竭型城市经济活力。以英国为例，英国自20世纪80年代初开始有许多资源枯竭型城市出现严重的经济衰退现象，其赖以生存的传统制造业大批倒闭关门，失业人口大量增多，地方经济发展出现停滞乃至倒退现象，社会问题越来越严重，英国政府为振兴地方经济，改善经济状况，减轻越来越严重的社会问题，便将众多的资源枯竭型城市工业区纳入旅游发展网络中去，采取一系列措施资助旅游景点开发（杨震和于丹阳，2018）。从1984年起投资数千万英镑分别在利物浦（1984年）、斯托克（1986年）、格拉斯哥（1988年）、盖茨黑德（1990年）、艾伯威尔（1992年）举办了五次园艺节，努力将衰退的老工业区添加到游览图中。国家和地方政府支持进行了工业衰退地区的开发，使老工业城镇焕发出发展生机，诸如在原有传统酿酒工厂基础上开发形成的威根码头文化遗址每年可接待上百万游客，为城市经济发展复兴起到了积极的促进作用。

工业遗产旅游的意义是符合"可持续发展"原则的大趋势，为了保护都市环境，维护生态平衡，为了子孙后代，必须尽可能地利用旧建筑、老房子，循环使用各种潜在资源。

工业遗产旅游以废弃的工业地为旅游资源，以资源的再利用和环境的保护为目标，开发出环境友好型产品与服务，从而达到了变废为宝的目的。工业遗产旅游转变了人们对废弃物价值的传统认识，改变了人们对工业废弃物的消费方式，培育了人们持续利用资源的意识。在资源利用方式上，工业遗产旅游实现由"工业资源—工业产品—工业废物"的单向式直线过程向"工业资源—工业产品—工业废物—旅游资源"的反馈式循环过程转变（汪希芸，2007），使经济增长建立在经济结构优化、资源消费合理、质量效益提高的基础上，逐步形成有利于环境的生产方式、生活方式和消费方式，促进资源消费结构的调整和人与自然的良性互动，推动经济社会环境协调发展。

工业遗产旅游还是资源枯竭型城市的"净化系统"。工业遗产旅游不是基于"好资源"（如自然资源是因品质优质而成为旅游资源）和良好的环境而发展起来的，而是基于"坏资源"（包括废弃的厂房，破坏性的地面景观如矿坑、矿井、矸石山等）和恶劣的环境（由于资源的大量开采造成的肮脏、无植被的环境）而发展起来。因此，工业遗产旅游不仅仅是一种旅游产品，它还是一种"环境优化剂""垃圾回收工具"。

(三) 旅游目的地形象理论

旅游目的地形象是旅游目的地内在历史文化蕴涵和外在特征的综合表现。旅游目的地的历史传统、现实状况、经济支柱、文化积淀、民俗风情、生态环境等要素一起构成了可以感受到的内在和外显的信息。旅游目的地形象是吸引游客的关键因素，形象的推动效应对旅游目的地的发展起着至关重要的作用。

1. "原生—引致"模型

冈恩（Gunn，1972）提出了旅游者形成旅游目的地形象的两个层次，包括原生形象（organic image）和诱导形象（induced image）的概念（王媛等，2014）。原生形象指潜在旅游者还未到旅游目的地之前所形成的旅游感知形象，主要形成于非旅游性的交流，诸如影视、广播、书报杂志及互联网等媒介，而诱导形象则在旅游者实地旅游之后形成，主要是通过一系列亲身旅游经历推动形象的产生。这种区分旅游目的地感知形象的方法已经被旅游学界广泛接受，并且应用于旅游目的地形象满意度评价的指标体系之中。同时，冈恩（Gunn，1972）还将旅游形象的形成过程概括为七个阶段：（1）对某一目的地的知识认识（mental images）及其积累；（2）进一步收集信息后对形象进行修改；（3）做出去某一目的地的决策；（4）前往该目的地；（5）在该目的地进行活动；（6）重游；（7）基于亲身体验修改对其的形象认识。冈恩（1972）认为该模型中，前三个阶段对于影响旅游者的行为最为重要，因为旅游者在作旅游决策时更多地基于知识认识。在冈恩的旅游形象形成和修正七阶段理论，以及功能性形象和诱导形象概念的基础上，费基和克朗普顿（Fakeye & Crompton，1991）提出了涉及所使用的信息来源和实际游览的形象形成模型（见图2-1）。该模型提出了原生形象（organic images）、诱导形象（induced images）和综合形象（complex images），以及三者在旅游决策中各自的角色。根据该模型，旅游者从各种非旅游信息来源中形成可选目的地的原生形象。当游客有出游动机时，会积极通过各种旅游信息来源搜索信息，如宣传册、旅行社等。于是，旅游者会形成可能不同于已有的原生形象的诱导形象。一旦选定目的地并亲身游览之后，又会形成一个更加综合的目的地形象。该模型较早地提出了目的地形象的构成部分以及相互之间的影响，为以后进一步研究目的地形象产生了相当大的影响，后来的学者对于目的地形象的构成基本沿用了这个分类。该模型比较全面地描绘了游客目的地形象的形成过程，但是没有说明哪些因素对目的地形象及其形成产生了影响。

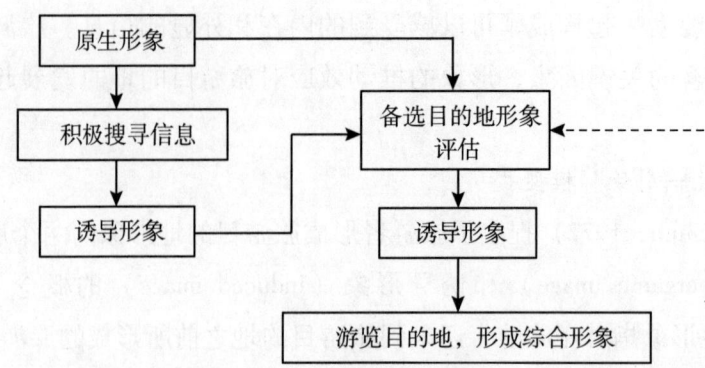

图 2－1　旅游形象形成过程

资料来源：作者根据相关资料绘制。

2. TDIS（Tourist Destination Image System）模式

TDIS 模式由我国学者李蕾蕾提出，该模式以地理学、认知心理学、行为科学、传播学、社会学、解释学及其相应交叉学科的理论与方法为基础，首先借用和发展认知理论（一般心理学）和人地感知理论（环境感应与行为地理学）中的核心概念，同时结合旅游者的购买决策理论和旅游目的地的选择理论，建立旅游形象的概念体系，然后结合地理学的两大规律（地域分异规律和空间等级层次等空间规律和时间规律）以及旅游形象策划的一般原理，构建旅游地人—人感知形象设计和人—地感知形象设计两大板块，提出了旅游地形象策划的一般方法。TDIS 模式将"地方性"概念引入旅游形象策划，解释了旅游目的地吸引力的真正来源以及旅游活动形成的根本原因，这必将有助于旅游目的地特色旅游资源的提炼，为旅游地形象设计提供理论依据（李蕾蕾，2006）。

3. 旅游地"形象遮蔽"与"形象叠加"理论

就游客的感知和认知而言，不同旅游地的形象对游客产生不同的影响，而不同旅游地形象之间也存在复杂的关系。针对不同的旅游地形象，根据旅游地旅游资源的品级、旅游产品的品牌效应、旅游地之间的市场竞争三个主要因素，我们可以把不同旅游地形象间的关系分为两种：以竞争为主（导致"形象遮蔽"）和以整合为主（导致"形象叠加"）（见图 2－2）。

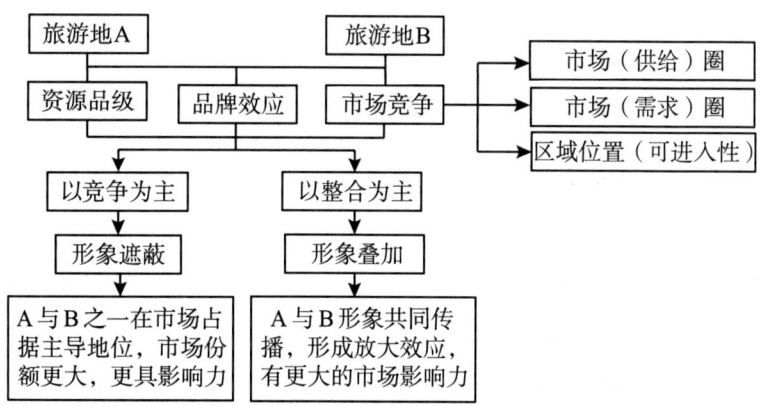

图 2-2 旅游地之间"形象遮蔽"和"形象叠加"的产生机制

资料来源：作者根据相关资料绘制。

"形象遮蔽"是指在一定区域内分布着若干旅游地，其中旅游资源级别高、特色突出、产品品牌效应大或者市场竞争力强的旅游地，在旅游形象方面也会更突出，从而对其他旅游地的形象形成"遮蔽效应"。

"形象叠加"是指在同一区域内不同的旅游地的差异化形象定位，使每一个旅游地具有各自的形象影响力，进而使这一区域产生一种叠加的合力，产生整合性的影响力。

资源枯竭型城市在重塑美化旅游形象过程中根据"形象遮蔽"理论设计特色旅游形象，避免出现旅游形象定位上的失误。还可以利用"形象叠加"理论巧妙地打造差异化的旅游形象，与区域内其他城市旅游形象形成叠加合力，实现多赢。

（四）城市旅游营销理论

城市营销理论认为旅游营销活动是一项具有强外部性的经济活动，旅游产品具有综合性特点，对其消费往往涉及多个旅游部门或企业，个体企业对自身经营的旅游线路的营销往往会带动游客对其他企业产品的消费，带来正外部性。因此作为个体形式存在的旅游企业不会去主动进行城市旅游形象的促销，只有依靠政府部门，才能担当起营销城市旅游的重任。

因此，转型背景下资源枯竭型城市发展旅游业必须由政府主导，统筹全市资源，科学规划开发工业遗迹旅游资源和其他潜在旅游资源，扭转城市负面形象。

三、景观生态学理论

"景观生态学"的概念是1937年由德国植物学家卡尔·特洛尔（Care Troll）首次提出。他当时在研究东非的土地利用时，试图把景观学的区域差异对比研究与生态学的结构、功能研究结合起来，可是并未引起学术界的重视，因此发展缓慢。20世纪70年代以后，由于生态学中的系统思想和地理学中的地理信息系统的引入，同时由于遥感和计算技术的飞速发展，景观生态学在进行区域景观规划、评价和变化预测的研究中，显示出独特的作用，从而得到发展。进入80年代以后，由于全球性环境、人口和资源等问题的日益严重，使得地理学、生态学、经济学、管理学等学科在探求解决这些问题的途径时，形成相互交叉渗透的状态。景观生态学就是在这个基础上发展成为一门把人类与环境统一起来进行综合研究的新型交叉学科。

景观生态学是研究景观单元的类型组成、空间格局及其与生态学过程互相作用的综合性学科。它把"斑块—廊道—基质"作为分析任何一种景观的模式（闫淑君等，2003）。这种模式也对资源枯竭型城市的废弃地改造、生态修复和景观再造等方面起着重要的作用。在工业废弃地的景观再造中，要利用有限的场地空间，通过景观格局的优化设计，充分发挥"斑块—廊道—基质"的格局，将线、带、块相结合，大、中、小相结合，从而达到以少代多、功能高效的目的。

运用景观生态学理论主要解决资源枯竭型城市中工业废弃地的改造，使之成为旅游景观，为旅游业推动资源枯竭型城市转型与可持续发展所利用。景观生态学理论是单个景观产品与整体旅游环境打造的基础。同时这种景观的再造不能单纯从改善环境和营造景观的角度出发，更应该与城市旅游发展战略和旅游市场分析相结合，去创造符合旅游需求的工业景观，这也许是工业废弃地景观再造的一种发展趋势，与旅游市场需求相结合的景观才是符合资源枯竭型城市可持续发展的一种模式和选择。

四、产业经济学相关理论

(一) 产业生命周期理论

资源产业的发展和资源的耗竭程度密切相关,具有周期性特点,其由盛到衰的过程可分为四个阶段,即开发期、增产期、稳产期、衰退期,如图2-3所示。

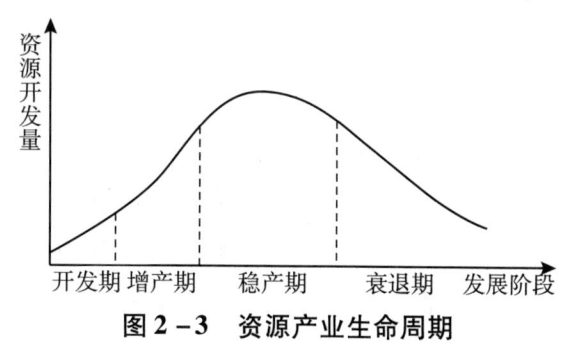

图2-3 资源产业生命周期

资料来源:作者根据相关资料整理。

开发期,伴随开发企业资金和人员投入的不断增加,资源开发能力不断增强,资源产量逐年上升,资源区的规模日益扩大。此时的产业特点是:产品很单一,生产企业较少,产品销售半径较小,收益水平较低,没有形成独立的生产体系。

增产期,即从全面投产到生产达到设计规划阶段。这一阶段资源产业得到快速发展,产量持续增加,规模经济效应和学习曲线效应出现,开采成本降低,经济效益提高,大量外部投资涌入,使资源开发地区成为区域经济的增长点。开始形成相互协作、相互补充、配套生产的企业群体。

稳产期,产业从规模到产量都达到了发展的顶点。虽然此时内部个别矿点会因为资源采空而废弃,但是新的采掘点也在不断产生,因此总的生产能力变动不大,产量稳定。但主要资源产品的产量增幅趋缓,产业扩张规模逐渐稳定,投资趋于停止。市场需求总量仍然很大,但从趋势上已接近饱和。同时,在稳定期内，原产业内开始孕育分化出新的产业，在未来产业发展演变中起到承前启后的作用。

衰退期，由于资源存量的减少，导致生产或加工出现减弱的趋势，开采难度大、成本高。主导产业衰退导致出现大量富余人员，结构调整势在必行，社会问题突出。

（二）产业结构演变理论

"配第—克拉克定理"是研究经济发展中的产业结构演变规律的原理。英国经济学家配第和克拉克通过研究先后发现，随着全社会人均国民收入水平的提高，就业人口首先由第一产业转移；当人均国民收入水平有了进一步提高时，就业人口便大量向第三产业转移。这种由人均收入变化引起的现象称为"配第—克拉克定律"。早在17世纪，配第第一次发现了世界各国的国民收入水平的差异及其形成的不同的经济发展阶段，其关键在于产业结构的不同。他通过进一步考虑后得出结论：比起农业，工业收入多；而商业收入又比工业多，即工业比农业、服务业比工业的附加值高。后来，克拉克通过其开创性的统计分析和研究，揭示了人均国民收入水平与结构变动的内在关联，重新发现了配第定律：随着人均国民收入水平的提高，劳动力首先由第一产业向第二产业转移；当人均国民收入水平进一步提高时，劳动力就向第三产业转移。劳动力在不同产业之间流动的原因在于各产业之间收入的相对差异。

（三）产业集群理论

产业集群（industrial cluster）概念的提出最早是在20世纪70年代末，在90年代以后开始真正引起学术界的广泛关注。产业集群是以某一特定产业中的大量企业及相关企业高度集聚为标志，企业、行业协会、金融机构、职业培训和科研机构、地方政府之间相互作用的空间集合，具有聚集经济、学习与创新、合作竞争和自组织性等特征，通过降低成本、提高生产率、刺激企业创新、促进新企业不断衍生和形成地区品牌等途径，提升整个区域的竞争能力，形成一种集群竞争力。因此，了解产业集群形成和发展的基本原理与规律、引导和培育集群产业，对资源枯竭型城市旅游经济的发展无疑具有重要意义。

旅游产业集群是由围绕特定区域的旅游核心吸引物而聚集的与旅游市场和

旅游活动密切相关的旅游核心产业、旅游依托产业及各种旅游组织和相关辅助机构等形成的。一般来说，旅游产业集群的构成要素可以分成三个层次，如图2-4所示：第一层为旅游产业集群的核心层，即旅游核心吸引物；第二层是旅游要素供应层，在旅游资源外围聚集的旅行社、饭店、宾馆、交通运输、商品零售、娱乐设施等服务性产业；第三层是相关辅助层，由旅游依托产业及各种旅游组织和相关辅助机构组成，包括目的地基础设施和公共服务。

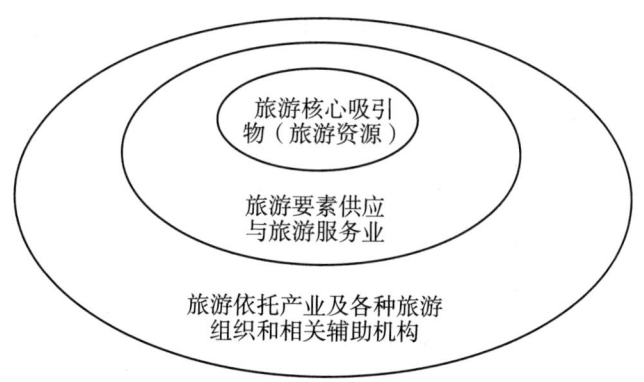

图2-4　旅游产业集群要素构成

资料来源：作者根据相关资料绘制。

旅游产业集群的形成必将带动旅游相关扶持产业和辅助机构部门的发展，从而提高旅游产业的整体竞争力。由于旅游产业自身具有与其他产业关联性大的特点，旅游产业自身的发展同样会带动其他相关产业的发展，进而提升该地区的整体竞争力。

（四）产业链理论

1958年，赫希曼在《经济发展战略》一书中从产业的前向联系和后向联系的角度提出了产业链的概念。他认为产业链的实质就是产业关联，而产业关联的实质就是各产业相互之间的供给与需求、投入与产出的关系。周路明（2001）认为产业链是建立在产业内部分工和供需关系基础上的一种产业生态图谱。产业链分垂直的供需链和横向的协作链。垂直关系是产业链的主要结构，也有人把这种垂直分工划分为产业的上、中、下游关系；横向协作关系则是我们经常提到的产业配套问题。刘贵富（2007）认为产业链是同一产业或不同产业的企业，以产品为对象、以投入产出为纽带，以价值增值为导向，以满足用户需求为目标，依据特定的逻辑联系和时空布局形成的上下关联的、动态的链式中间组织。产业链种类很多，从不同角度划分可分成不同类型的产业链，如按形成机制，产业链可分为市场交易式、等级式、网络式三种类型五种基本模式。

依据上述产业链的定义，可以对产业链作如下具体分析：（1）形成产业链的企业，可以是同一产业的，也可以是不同产业的企业。例如，旅游产业链，它的企业有来自第三产业的导游服务，有来自机械工业的游览车生产，有来自第一产业的绿色农产品生产。（2）产业链是企业的集合，企业是产业链的载体。（3）产业链是以产品为对象，即是以生产的对象为对象形成的，这里的产品可以是有形的物品，也可以是无形服务，如旅游服务、物流服务等。（4）产业链是以投入产出为纽带，上一企业生产的产品一定是下一企业的投入，直到完成整个产品的生产为止。（5）产业链是以价值增值为导向，产业链中的企业从上游到中游再到下游是一个不断增值的过程，直到用户买走产品，实现了产业链的价值为止。（6）产业链是以满足用户需求为目标，产业链从原材料供应直到生产出用户需求的产品，整个过程都是按用户需求来组织生产的，如果生产出的产品，用户不需要，则产业链的价值就无法实现。（7）产业链包含有生产、交易两大过程，链内不同企业的专业化分工和企业部门间的垂直协作关系在生产功能上是完全一致的，众多企业围绕某一核心企业或某一产品系列在垂直方向上形成了前后关联的一体化链条。产业链的交易既含有链内企业间的交易，也含有链内企业与链外企业的交易。（8）产业链的关联关系有时间的次第性和空间的区位指向性。（9）构建产业链包括接通产业链和延伸产业链两个层面的内涵。接通产业链是指将一定地域空间范围内的产业链的断环和孤环借助某种产业合作形式串联起来；延伸产业链则是指将一条已经存在的产业链尽可能地向上游延伸或下游拓展。产业链向上游延伸一般使得产业链进入到基础产业环节或技术研发环节，向下游拓展则进入到市场销售环节。构建产业链的最终目的是在产业链拓展和延伸的过程中，一方面接通了断环和孤环，使得整条产业链产生了原来断环或者孤环所不具备的利益共享、风险共担方面的整体功能；另一方面衍生出一系列新兴的产业链环，通过形成产业链，又增加了产业链附加价值。

产业链理论对于旅游业推动资源枯竭型城市转型发展有着重要指导意义，

无论对于宏观层面的资源枯竭型城市旅游产业的培育、发展和壮大，以及与其他相关产业的协调发展，还是对微观层面旅游企业的产业选择和扩张都可以依据产业链理论来进行论证和操作。

五、产业融合理论

（一）产业融合的概念

产业融合是产业组织理论中的一个重要组成部分。产业组织通常指同一产业内企业间的组织或市场关系。目前产业组织理论包括哈佛学派、芝加哥学派和新产业组织学派。传统产业组织理论认为，生产同类或具有密切替代关系的产品或服务是划分不同产业的依据。产业融合是相对于产业分化而言的一种产业发展范式，是指原本各自独立的产业，相互交叉、渗透，使原有产业边界逐步模糊或消失，形成新产业的动态发展过程。

产业融合（industrial convergence）概念最早出现于技术领域，源于美国学者罗森博格（Rosenberg, 1963）对美国机械工具产业技术的演变研究提出的技术融合概念。1978年麻省理工学院媒体实验室的尼古拉斯·尼葛洛庞帝（Nicholas Negroponte）用三个重叠的圆圈来描述计算、印刷和广播三者的技术边界，认为三个圆圈交叉处将成为成长最快、创新最多的领域（张海燕和王忠云，2010）。进入20世纪80年代，美国哈佛大学的欧丁格（Oettinger）和法国作家罗尔与敏斯分别创造了Compunctions和Telemetriqu两个新词来试图反映"数字融合"的发展趋势（Mueller, 1997）。之后，产业融合的概念才从技术领域逐步进入产业经济学领域，日本学者植草益（2001）为产业融合下的定义是："产业融合就是通过技术革新和放宽限制来降低行业间的壁垒，加强行业企业间的竞争合作关系。"

随着技术进步在产业领域的深入影响，产业融合是近年来全球产业发展的趋势。传统的产业形态不断变化，新的产业形态不断萌生，产业之间的边界不断模糊，产业结构日趋复杂，如当前国家提出的"旅游+"发展理念，大力推行旅游与农业、旅游与工业、旅游与商贸业的融合发展。

(二) 产业融合的过程

两个产业之间的融合可以分成四个过程。第一阶段的融合是技术融合，两个产业之间的融合发展首先是从技术层面的融合开始的，如不同的产业之间共享某项专利技术，便奠定了两者将来能够融合的基础。第二阶段的融合是产品融合，技术融合发生后，要求在创新技术基础上，对原有技术生产路线、业务流程、管理以及组织等进行全面的协调和整合，使两个不同产业共同生产某项同质化的产品，能够加速产业之间的融合，比如旅游演艺既是旅游产业中的产品，又是文化产业中的产品，这架起了两大产业融合的桥梁。第三阶段的融合是业务和组织融合，两个不同产业通过技术和产品的不断融合，进而在业务和组织方面的边界不断模糊，这是走向产业融合的关键步骤。第四阶段的融合是产业和市场融合，不同产业之间通过前三个过程的融合，实现整个产业和市场的重合，产业之间的边界模糊乃至完全消失，这些产业之间便完成了融合过程，成为一个共享技术专利，生产同质产品，业务、组织和市场不断重合的产业集群。

第二节　研究基础

在系统研究旅游业推动资源枯竭型城市转型发展的问题之前，首先需要了解资源枯竭型城市这类城市群体的基本轮廓，包括资源枯竭型城市的概念、类型、资源枯竭型城市存在的问题、面临的困境以及目前我国资源枯竭型城市转型的路径等相关内容。基于此，本节对资源枯竭型城市的基本内容进行相关阐述。

一、资源枯竭型城市界定与概况

(一) 资源枯竭型城市界定标准

有关资源枯竭型城市的定义学术界还没有形成一个统一的定论，现列举各方观点进行对比分析,并提出本书对于资源枯竭型城市的相关界定。

张以诚(2006)认为"资源枯竭"是一个过程,是一个相对的动态概念。不是所有的资源都枯竭,而是已探明的主体资源的枯竭。就统计规律而言,资源采掘量应占已探明的可采储量的60%以上,采掘时间占设计年限的3/4以上。

郑伯红(1999)认为资源枯竭型城市实质上是资源型城市的某一特殊的发展阶段。资源的开采周期具有阶段性,所以资源型城市的发展相应地也具有阶段性,一般可以分为起步期、成长期、成熟期和衰退期。

于言良(2006)指出资源枯竭型城市,是指资源采出量占已探明可采储量的60%以上,采掘时间占设计年限75%以上,资源业已萎缩,资源型主导产业也已衰退,城市的社会功能、经济功能、文化功能已经开始衰落的资源型城市。它是资源型城市发展到一定阶段,诸多内外部因素共同作用产生的必然结果。

国务院振兴东北老工业基地工作组对资源枯竭型城市的界定标准:(1)工业及采掘业规模明显下降的城市,限额以上的工业现价总产值、限额以上的工业年平均从业人员、采掘业现价总产值、采掘人员四项指标中,有三项以上指标减少的资源枯竭型城市;(2)失业率高的城市,城市登记失业人数超过10%以上;(3)资源开采时间比较长的城市,超过40年以上的资源型城市。

从上述对资源枯竭型城市的有关界定不难看出,资源枯竭型城市是资源的开采和利用发展的一个必经阶段,在时间维度上属于资源型城市的末期形态中的一种,是自然资源开发进入衰退或枯竭过程的城市。基于可操作性以及实践指导的考虑,本书采用国务院振兴东北老工业基地工业组对资源枯竭型城市的界定标准。

(二)资源枯竭型城市分布概况

2008年、2009年、2012年,国家分三批确定了69个资源枯竭型城市(县、区)。为支持资源枯竭城市转型,国家发改委设立了资源型城市吸纳就业、资源综合利用、发展接续替代产业和多元化产业体系培育中央预算内投资专项,中央财政给予69座城市财力性转移支付资金支持。本书以所确定的69个资源枯竭型城市名单为依据,将资源枯竭型城市相关信息汇总如表2-1所示。

表 2-1　　　　　　　　资源枯竭型城市统计一览表

省份	城市	级别/类型	年份	省份	城市	级别/类型	年份
黑龙江	伊春市	地级/森工	2008年	山东	枣庄市	地级/煤炭	2009年
	大兴安岭	区级/森工	2008年		新泰市	县级/煤炭	2011年
	七台河市	地级/煤炭	2009年		淄川区	区级/煤炭	2011年
	五大连池市	县级/森工	2011年	河南	焦作市	地级/煤炭	2008年
	鹤岗市	地级/煤炭	2011年		灵宝市	县级/冶金	2009年
	双鸭山市	地级/煤炭	2011年		濮阳市	地级/石油	2011年
吉林	辽源市	地级/煤炭	2008年	湖北	大冶市	县级/冶金	2008年
	白山市	地级/煤炭	2008年		黄石市	地级/冶金	2009年
	舒兰市	县级/煤炭	2009年		潜江市	县级/石油	2009年
	九台市	县级/煤炭	2009年		钟祥市	县级/非金属	2009年
	敦化市	县级/森工	2009年		松滋市	县级/煤炭	2011年
	二道江区	区级/煤炭	2011年	湖南	资兴市	县级/煤炭	2009年
	汪清县	县级/森工	2011年		冷水江市	县级/煤炭	2009年
辽宁	阜新市	地级/煤炭	2008年		耒阳市	县级/煤炭	2009年
	盘锦市	地级/石油	2008年		涟源市	县级/煤炭	2011年
	抚顺市	地级/煤炭	2009年		常宁市	县级/煤炭	2011年
	北票市	县级/煤炭	2009年	广东	韶关市	地级/冶金	2011年
	弓长岭区	区级/冶金	2009年	广西	合山市	县级/煤炭	2009年
	杨家杖子	县级/煤炭	2009年		平桂管理区	区级/非金属	2011年
	南票区	县级/煤炭	2009年	海南	昌江县	县级/冶金	2011年
内蒙古	阿尔山市	县级/森工	2009年	重庆	万盛区	区级/非金属	2009年
	乌海市	地级/煤炭	2011年		南川区	区级/煤炭	2011年
	石拐区	县级/煤炭	2011年	四川	华蓥市	县级/煤炭	2009年
河北	下花园区	区级/煤炭	2009年		泸州市	地级/天然气	2011年
	鹰手营子矿区	区级/煤炭	2009年	贵州	万山特区	区级/非金属	2009年
	井陉矿区	区级/煤炭	2011年	云南	个旧市	县级/冶金	2008年
山西	孝义市	县级/煤炭	2009年		东川区	区级/冶金	2009年
	霍州市	县级/煤炭	2011年		易门县	县级/冶金	2011年

续表

省份	城市	级别/类型	年份	省份	城市	级别/类型	年份
江苏	贾汪区	区级/煤炭	2011年	陕西	铜川市	地级/煤炭	2009年
安徽	淮北市	地级/煤炭	2009年		潼关县	县级/冶金	2011年
	铜陵市	地级/冶金	2009年	甘肃	白银市	地级/冶金	2008年
江西	萍乡市	地级/煤炭	2008年		玉门市	县级/石油	2009年
	景德镇市	地级/高岭土	2009年		红古区	区级/煤炭	2011年
	新余市	地级/煤炭	2011年	宁夏	石嘴山	地级/煤炭	2008年
	大余县	地级/冶金	2011年				

资料来源：作者根据相关资料整理。

根据表2-1，对69个资源枯竭型城市分别从审批年度、资源类型、城市级别和区域分布四个类别进行分析。

审批年度上：国务院2008年审批12个，占总数的17.4%，2009年31个，占总数的44.93%，2011年26个，占总数的37.68%。

资源类型上：按照主导资源的类别可分为煤炭、石油、冶金、森工和其他[①]共五类。其中煤炭类资源枯竭型城市有39个，占总数的56.5%；石油类有4个，占总数的5.8%；冶金类有14个，占总数的20.3%；森工类有6个，占总数的8.7%；其他类有6个，占总数的8.7%。可见，资源枯竭型城市中大部分为煤炭类城市，冶金类次之。

城市级别上：按照城市行政级别划分，共有24个地级市，占总数的34.8%，其余为区、县级市，共45个，占总数的65.2%。如图2-5所示。

区域分布上：按照东部、中部、西部和东北四个经济区的划分方法，可知东北区域（黑龙江、吉林和辽宁）20个，占总数的29.0%；东部区域（河北、山东、江苏和广东）8个，占总数的11.6%；中部区域（山西、河南、湖北、湖南、安徽和江西）21个，占总数的30.4%；西部区域（内蒙古、陕西、甘肃、宁夏、四川、重庆、贵州、云南、广西和海南）20个，占总数的29.0%。

---

① 其他类表示该资源类型较为特殊，资源枯竭的城市个数较少，为方便研究都归为其他类中。包括泸州的天然气、景德镇的高岭土资源等。

由此可见，资源枯竭型城市绝大部分都分布在东北和中西部，东部地区较少。此外，尽管东北、中部和西部所拥有的资源枯竭城市数量非常接近，但是从分布密度看，东北地区的资源枯竭型城市分布密度最高，为6.7个/省，而中部和西部分别为3.5个/省和2个/省。

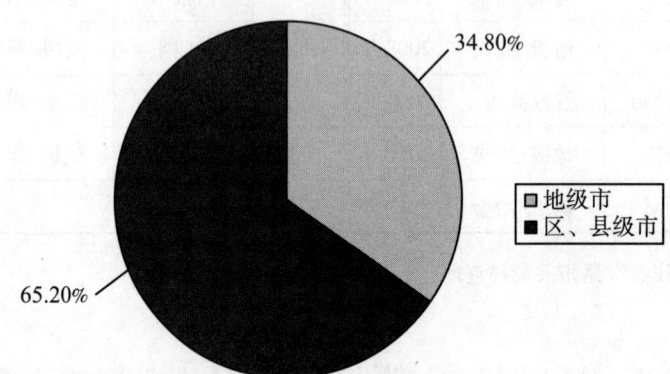

图2-5 资源枯竭型城市行政级别百分比图

资料来源：根据表2-1绘制。

二、资源枯竭型城市问题与困境

（一）资源枯竭型城市存在的问题

随着所依附的资源储藏量的不断减少，资源产业开始衰退，长期以来粗放式开发所积累的问题也日益凸现出来，严重制约了城市的发展。一般来说，资源枯竭型城市普遍存在着经济衰退、环境恶化和社会矛盾激化等一系列问题。

1. 资源濒临枯竭，经济逐渐衰退

资源产业是资源枯竭型城市产业结构中的主导产业或支柱产业，例如，森工城市伊春的木材采伐与加工业占工业总产值的50%，煤炭城市阜新煤炭矿区人口占全市人口的59.7%（史英杰，2008）。因此，资源产业的发展变化直接影响甚至掌握整个城市经济的运行，对城市兴衰有着决定性影响，主导着城市财政收入、人口就业、经济产值、社会保障等各方面。由于长期依靠主导资源的掠夺式、粗放型开采，导致不可再生资源的不断减少，濒临枯竭，由此导致资源产业一蹶不振，继而引发了矿竭城衰的尴尬境地，城市经济逐渐衰退。

2. 无序粗放开采，环境不断恶化

由于受科技水平和生产技术的限制，我国资源枯竭型城市大多采用粗放僵化的传统生产模式，对资源进行掠夺式开采和利用，同时由于过去人们生态环保意识比较薄弱，轻视了对环境的综合治理与保护，从而导致资源枯竭型城市的生态环境遭到严重的破坏，主要包括占用和破坏土地、污染地下水、大气污染、工业"三废"排放、地表塌陷、废弃物乱堆乱放，严重影响人们的基本生存条件。例如很多煤炭型枯竭城市，不仅存在大面积的地面沉陷问题，同时空气和水也受到严重的污染，其排放的 TSP（总悬浮颗粒物）和二氧化硫标准都要远高于健康标准，对人体健康的危害非常大。又如山西省孝义市现有土地塌陷面积达到 150 平方千米，占全市土地面积的 16%；黑龙江双鸭山市 8 个采煤沉陷区面积达 133 平方千米。再如，铜川市曾流传着一句"我有煤，我骄傲"的顺口溜，铜川人一直无忧无虑地过着"挖煤卖煤，挖石头卖水泥"的"好日子"，造成了对煤炭资源的高度依赖，并且对资源进行掠夺性开采，导致严重的环境破坏。因此，铜川还有另外一句顺口溜，即"走路打着伞，吃饭捂着碗"，是反映铜川市环境污染的真实写照。

3. 失业人口骤增，社会矛盾激化

由于资源枯竭、市场需求变化和企业减员增效等原因，资源型产业在资源枯竭型城市中出现大幅度萎缩。资源型企业生产经营十分困难，下岗失业人员剧增，尤其是矿区下岗人员所占比例更大，而这些城市财力有限、社会保障体系不健全、下岗职工的生活十分困难。如辽宁省阜新市下岗失业人员达 15.5 万人，占市区人口的 20%，特困居民 20 万人，占市区人口的 25%，其中矿区下岗职工已占城市下岗职工总量的 50%，矿区特困职工已占城市特困职工的 64%。[①] 这些下岗的矿工文化层次比较低，技能比较单一，无法适应市场的需求，再就业的困难很大，同时，资源型城市的产业结构调整缓慢，城市无法为这些下岗工人提供足够的就业岗位，而这些工人受到国家计划的影响，存在懒惰的思想和"等要靠"的态度，不愿自谋职业，资源枯竭型城市下岗职工再就业工作面

---

① 周德群、汤建影：《中国矿业城市经济发展状况分析》，载于《中国工业经济》2004 年第 3 期。

临的困难，使他们对地方政府和企业产生不满情绪，成为社会不稳定的重要因素。

（二）资源枯竭型城市面临的困境

资源枯竭型城市在长期的发展过程中所积累的弊病随着可开采资源的减少或枯竭已经暴露无遗，上述弊病或问题严重阻碍了城市的进一步发展，使城市陷入进一步发展的困境。

1. 产业结构失衡，转型发展受困

传统资源型产业的技术含量较低、产业链条较短、附加值较低，使城市的发展缺少高附加值的产业，原材料的开发与利用在资源生命周期的制约下，日益衰退，产业缺乏技术含量难以提高其附加值，这成为制约城市经济发展的瓶颈。

由于资源枯竭型城市最初建立起来的都是以资源开发及初级原材料加工输出为主的产业结构体系，主导产业单一，而且整个产业比例和结构严重失调，第一产业基础薄弱，第二产业比重偏大，第三产业发展缓慢。同时，这类城市一般多以资源开发形成传统产业，并形成了一条关联度高、依赖性强的产业链，随着时间推移，传统主导产业趋于老化，产业链随之衰落，而新兴主导产业缺乏或发育很差，导致产业结构升级换代困难。

2. 生态环境恶化，宜居生活受困

资源枯竭型城市在长期的资源开发和经济发展的同时，也在不断地侵蚀和破坏生态环境，一旦矿竭城衰，环境污染问题就会井喷式爆发，给城市居民生活造成诸多困扰，危害居民身体健康，甚至危及生命财产安全。不断恶化的生态环境使资源枯竭型城市的宜居生活陷入困境。

3. 人力资源匮乏，创新发展受困

资源枯竭型城市的经济发展历史悠久，形成了传统的粗放型经济发展观念，在经济发展过程中只注重资源的开采，追求资源开发的规模，忽略了经济发展观念的转变和发展方式的创新，不注重技术进步、管理创新、人力资源开发。此外，由于资源枯竭型城市原本作为经济支柱的资源开采业属劳动密集型产业，对员工的文化程度和技术水平要求不高，从业人员大部分属于简单劳动者，文化程度低，知识结构单一，学习新知识的能力比较差，人力资本本身积累很低。

同时，由于资源枯竭型城市生态环境恶化，经济衰退，导致难以吸引优秀人才落户，从而在客观上抑制了创新活力，对创新环境、创新文化的形成与创新人才的培养造成诸多障碍，进而导致资源枯竭型城市转型过程中出现创新发展的困境。

4. 城市形象不佳，招商引资受困

资源枯竭型城市大多是重工业城市，由于在长期发展中对生态环境保护的忽视，对城市形象维护的缺失以及媒体的负面报道等，久而久之形成了诸如"光灰城市""煤炭黑城""百里煤海"等无法让人有美好联想的城市符号。"脏、乱、差"的城市形象和环境无法吸引外来投资，招商引资因城市形象不佳而陷入尴尬的困境。

5. 民生问题严峻，和谐发展受困

资源枯竭型城市由于矿竭城衰，下岗失业人口增多，社会保障体系不健全，民生问题严峻，由此埋伏下了很多社会不稳定因素，制约了城市的和谐发展。

三、资源枯竭型城市演进与转型

（一）资源枯竭型城市演进历程

资源枯竭型城市是由资源型城市在一定的客观与主观因素综合作用下演变而来，大致经历了兴起—繁荣—衰退—枯竭的过程。从 2000 年起，中央政府对资源枯竭型城市的产业转型问题越来越重视。2001 年 12 月，辽宁省阜新市首先被确定为全国第一个资源枯竭型城市经济转型试点市。接着在党的十六大和党的十七大报告中，都明确提出要加大力度支援东北地区等资源枯竭型城市进行产业转型。在 2005 年国务院又扩大了资源枯竭型城市试点范围，将双鸭山市、辽源市、大庆市和伊春市加入试点中来，并加大扶持力度。在 2007 年底国务院又下发了《国务院关于促进资源型城市可持续发展的若干意见》，提出了建立健全资源开发补偿机制和衰退产业援助机制等政策措施，全面解决资源枯竭城市可持续发展问题。至此，资源枯竭型城市转型工作已经全面展开。

（二）资源枯竭型城市转型之路

转型是资源枯竭型城市谋求可持续发展的必由之路，但是转型包括哪些内容？转型的实质内涵是什么？以及转型的路径有哪些？弄清这些问题有助于揭示旅游业发展与资源枯竭型城市转型之间的联系，为后续研究奠定基础。

1. 资源枯竭型城市转型的内容

资源枯竭型城市转型是指将城市主导产业由现存的不可再生性自然资源的开采和加工的产业转向其他产业，使城市发展摆脱对原资源产业的依赖，规避衰退，从而实现城市的可持续发展。这种"转向"经常引发经济、政治、法律、社会、文化等多方面的系统变革（齐建珍，2004）。因此，资源枯竭型城市的转型不仅仅是经济结构上的转型，还包括社会民生改善和环境治理方面的转型。

在经济结构转型上，资源枯竭型城市应摆脱高度依赖传统产业的"恋矿情结"，积极发展新兴产业，通过多元发展积极调整经济产业结构，使城市经济朝着良性循环的方向发展，经济结构更趋科学合理。

在社会民生改善上，资源枯竭型城市应该完善社会保障体系，包括医疗、养老、失业等基本保险体系和慈善福利事业、困难群众救助等社会救助体系；构筑再就业工程，包括免费培训下岗失业人员、帮助下岗职工再就业和提升在职工人文化技术素质等；改善城市服务功能，包括加强基础设施建设、优化城市空间布局、大力发展第三产业、增加城市公共休闲活动空间。

在生态环境治理上，资源枯竭型城市一方面要治理和修复已被污染的生态环境，使城市环境达到宜居生活标准；另一方面要提高社会公众和企业的环境保护意识，形成全社会环境保护监督机制。使原来粗放、低效、高耗的生产转变为集约、高效、低碳生产，实现绿色生产、安全生产和清洁生产。

2. 资源枯竭型城市转型的本质

转型是资源枯竭型城市为了长久生存和持续发展的必然选择。资源枯竭型城市通过调整产业结构、转变发展方式、改善生态环境等手段复苏城市的经济活力，从而提高城市居民生活水平、优化居民生活环境。换言之，资源枯竭型城市转型的本质和终极目标是改善民生。

3. 资源枯竭型城市转型的路径

纵观国内外资源枯竭型城市转型发展的实践经验，以及学术界对转型路径的相关探讨，大致可归纳出三种基本转型模式或路径，即延伸模式、替代模式和复合模式。

所谓延伸模式是指在原有资源开发的基础上，使资源型产业向纵深发展，增加产品加工的类型和深度，扩展和延伸原有的产业链。例如，石油城市，在原有油气开发的基础上，建立炼油、乙烯和下游深加工的石油化工体系。该模式实际上是在资源型产业的基础上对资源产品进行了深加工，并没有改变城市依赖资源的本质，当依赖资源枯竭，与之密切联系的深加工产业也会随之衰退。

替代模式是指即放弃原有的资源型产业，发展新的替代产业，并将原来资源型产业的员工转移到新兴产业中去。例如，法国洛林原来以煤炭、钢铁、纺织为主导产业，转型后以汽车、电子和塑料加工等为主导产业。该模式中引入新产业或培育新产业的难度因资源枯竭型城市的实际情况而有所不同，而且还要根据城市具体的情况和发展战略来考虑引入或培育何种新产业。不仅需要资金、技术、人才、市场等方面因素的支持，还需要国家的政策倾斜和资金支持。同时，资源型城市需要大力改善投资环境，对城市环境进行改造、完善基础服务设施和城市公共物品服务建设，这都需要政府大量资金进行注入。

复合模式是指在扩展和延伸原有产业的同时逐步培植新的产业。一般是通过技术创新延长资源型企业的生命周期，同时积累资金发展具有潜力的替代性产业，使城市逐步摆脱对资源的依赖性，实现城市经济的可持续发展。例如，美国休斯敦在原有石油开采的基础上发展了石油化工，并培植了电子、机械等新兴产业，在石油开发行业衰退后，依旧保持了城市的持续繁荣。

此外，余建辉和张文忠（2011）提出了适应不同类型资源枯竭型城市的转型路径，包括金属非金属类、煤炭类、石油类和森工类。具体见图2-6。

可以说，相对于原有传统重工业来说，发展旅游业在资源枯竭型城市转型中承担着新型产业的角色，是城市转型发展的一条重要途径。由于旅游产业关联度高，带动效果明显，因此是资源枯竭型城市寻找新的替代产业、培养新的经济增长点的有效产业之一。

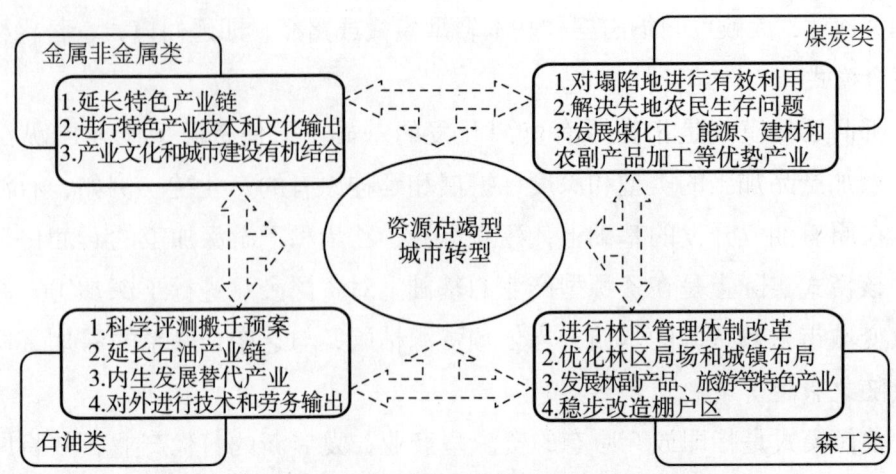

图 2-6 四类资源枯竭型城市转型路径选择

资料来源：余建辉、张文忠：《中国资源枯竭城市的转型路径研究》，载于《世界地理研究》2011年第3期。

本 章 小 结

本章包括相关理论和研究基础两个部分。相关理论部分主要阐述了城市可持续发展理论、旅游学相关理论、景观生态学理论、产业经济学相关理论和产业融合理论。其中，通过城市可持续发展理论阐释资源枯竭型城市"矿竭城衰"的背后原因，以及为资源枯竭型城市通过发展旅游业促进转型和可持续发展提供理论依据。旅游学相关理论方面，重点阐述了旅游产业关联理论、工业遗产旅游、旅游目的地形象理论和城市旅游营销理论。根据上述理论分析，进一步证明了旅游业推动资源枯竭型城市转型发展的可行性，同时结合景观生态学理论，指导资源枯竭型城市如何利用工业废弃地以及如何发展旅游业。最后，利用产业经济学相关理论中的产业生命周期理论、产业集群和产业链相关理论内容，指导资源枯竭型城市如何孵化旅游产业集群和强化旅游品牌，同时，利用产业融合理论指导旅游业与农业、工业的融合发展，将资源枯竭型城市旅游产业进一步做大做强。

研究基础部分重点介绍了资源枯竭型城市概念界定；勾勒出资源枯竭型城市这个特殊群体的基本轮廓，包括资源枯竭型城市审批年份、资源类型、城市级别等基本概况；简述资源枯竭型城市存在的主要问题，即资源濒临枯竭，经济逐渐衰退、无序粗放开采，环境不断恶化、失业人口骤增和社会矛盾激化等；阐明资源枯竭型城市发展所面临的困境，即转型发展受困、宜居生活受困、创新发展受困、招商引资受困以及和谐发展受困等；梳理了资源枯竭型城市演进脉络，总结了资源枯竭型城市转型的内容、本质和路径。

第三章
旅游业推动资源枯竭型城市转型的作用机制研究

大量实践证明，将旅游业作为资源枯竭型城市转型的一种替代产业获得了良好的转型效果，同时也促进了其他产业的良性发展和互动，这已然成为众多资源枯竭型城市转型道路上的一种集体行为。但发展旅游业与资源枯竭型城市转型之间互动机制还有待深入研究，即资源枯竭型城市转型与发展旅游产业之间存在何种关联？转型替代产业选择旅游业的动因是什么？旅游业如何推动资源枯竭型城市转型发展？本章将对上述问题进行探讨和回应。

长期以来，第二产业一直都是资源枯竭型城市的主导产业，第一产业和第三产业的比重都非常低，更遑论旅游业在资源枯竭型城市经济社会发展中的地位，甚至有些资源枯竭型城市过去未曾有真正意义上的旅游业。不论从传统大众的旅游目的地选择，还是从当地政府的发展重心来看，旅游业与资源枯竭型城市在某种程度上是"绝缘"的，似乎是毫不相干的。然而随着资源枯竭型城市转型的迫切要求和一些已经通过发展旅游业率先成功转型的实践案例，旅游业逐渐被资源枯竭型城市的政府部门所重视，进而成为转型出路之一。旅游业与资源枯竭型城市从"绝缘"走向"结缘"有其历史必然性，这主要是由于旅游业自身的特点与资源枯竭型城市转型的要求在某些方面存在一定的契合。也就是说，资源枯竭型城市通过发展旅游能够有效地解决或缓解转型过程中面临的问题，促进城市的二次发展。同时旅游业相对较低的门槛和较强的产业关联性使得其自身能够在资源枯竭型城市的土壤中得到生存和发展。两者能够耦合是资源枯竭型城市旅游业发展的动力根源所在，具体可分为由内而外的自我突破力因素和从外向内的渗透助推力因素。这两股力量合力驱动资源枯竭型城市旅游业的发展，为旅游业推动资源枯竭型城市转型发展与可持续发展提供了理论的支撑点。

第一节　资源枯竭型城市转型诱发旅游业发展的自我突破力

资源枯竭型城市经历长期的因"矿竭城衰"而困顿的发展局面，转型是摆在资源枯竭型城市面前的选择，也是必然选择。长期以来的固有发展模式需要进行变革与创新，要有"不破则不立"的决心和胆识。因此资源枯竭型城市在转型过程中由内而外的自我突破力为旅游业发展提供了政策机遇和发展空间。

一、破陈规，立新业

正是由于长期以来的工业主导模式下的城市发展路径，导致了资源枯竭型城市现在所面临的困境，这种单一的产业结构模式已不适于瞬息万变的市场环境和城市可持续发展的要求。资源枯竭型城市转型就是要打破产业结构单一的体系，寻求新的产业，使资源枯竭型城市的产业结构趋于平衡与合理，使其走上健康的发展道路。发展旅游业不失为一种可取的替代产业。

二、破旧颜，立新貌

资源枯竭型城市大多是"先矿后市"的发展模式，这种模式最大的弊端是城市规划中的基础设施、市政设施、居民用地等都是围绕矿区进行布局，城市的综合服务功能较为欠缺，随着矿藏的减少和矿区的关闭，这种空间布局越来越显出其不合理性，城市空间的功能性单一，严重制约了城市的可持续发展。此外，由于重工业和城市生态环境污染等因素，资源枯竭型城市一直以来都被扣上了"脏乱差"城市形象的帽子，市民自豪感缺失，严重影响了城市的对外形象，不利于城市招商引资，也不利于吸引人才，长远来看影响了城市的可持续发展。资源枯竭型城市转型就是要破除旧的城市形象和"脏乱差"的城市环境，创立宜居、宜业的城市环境新貌。这种转型要求和目的为旅游业提供了一片用武之地。

三、破旧制，立新观

我国的资源枯竭型城市大多是在 20 世纪五六十年代计划经济体制下发展壮

大起来的，资源枯竭型城市形成了重工业为主的产业结构，这也是目前城市转型所面临的困境之一。另外，当向市场经济迈进和资源逐渐枯竭时，资源枯竭型城市必须破除旧有体制和挣脱陈旧观念的束缚，树立创新发展的新观念，积极转型。旅游业的外向型产业特点能够为资源枯竭型城市的转型发展带来更多的新思想、新观念和新思路。

第二节 旅游业发展驱动资源枯竭型城市转型的渗透助推力

旅游业被誉为"朝阳产业""无烟工业"和"绿色产业"，同时又是劳动密集型产业和外向型产业，具有较强的吸纳就业的能力和带动关联产业的能力。旅游业能够由外部向资源枯竭型城市的经济、社会和环境等各领域内部进行渗透，并在城市转型过程中发挥助推剂的作用，因此，旅游业能促进资源枯竭型城市的转型和可持续发展。

一、旅游业助推资源枯竭型城市经济复苏振兴

旅游业助推资源枯竭型城市经济发展的复苏振兴主要表现为三个方面：

第一，旅游业能够充分地利用资源枯竭型城市的"枯竭资源"，使其变废为宝，通过开发工业遗产旅游，重新赋予资源枯竭型城市废弃矿区的生命力。

第二，旅游业可以与其他产业进行融合发展，如与农业融合发展农业旅游项目、与工业融合发展工业旅游项目、与商贸业融合发展商贸旅游项目，这种强渗透性可以充分地调活资源枯竭型城市的产业结构，优化资源枯竭型城市经济结构，助推经济发展的复苏。旅游业对其他产业还具有明显的拉动作用。旅游业不仅直接带动交通、餐饮、酒店等行业，而且还间接拉动工业、农业、建筑业、邮电通讯、文化娱乐等行业的发展，能够形成比较长的产业链条。据世

界旅游组织测定，旅游业1元的直接收入可以带来4.6元的经济效益。

第三，旅游业在改善城市硬件环境，提升城市软环境方面有着独特的优势，良好的城市环境有利于招商引资，增加人员、信息和技术的流动，助推经济复苏和振兴。同时，旅游业能够搭建起与外界沟通的桥梁，使资源枯竭型城市为更多人所知、所了解，从而大大促进资源枯竭型城市的对外开放，必将引来企业家、政要、社会名流等各类人群，他们的活动将为资源枯竭型城市制造大量商机，为城市的经济复苏振兴带来勃勃生机。

二、旅游业助推资源枯竭型城市环境改善优化

旅游业助推资源枯竭型城市环境改善优化表现在两个方面：

（一）修复脆弱的城市生态环境

资源枯竭型城市因资源的过度开采和盲目开发，致使城市生态环境付出了巨大的代价，如城市肌理被破坏、山体被掏空、空气被污染等。由于旅游业属于绿色新兴产业，可以减少对生态环境的破坏。同时，旅游业自身的生存与发展还必须要有良好的生态环境作为支撑，反过来旅游业的发展也能够不断地促进生态环境的改善。所以发展旅游业有助于资源枯竭型城市修复或恢复破坏的生态环境。如焦作市通过发展旅游业彻底改变了"脏乱差"的城市环境，由"煤炭黑城"转变为绿色山水城市。

（二）强化薄弱的城市人文环境

人文环境是以文化积淀为背景，以物质设施为载体，以人际交往为核心的社会环境。城市人文环境最能体现一个地方的个性和魅力，良好的人文环境总会受到投资者的眷顾，形成地方的软势力，对一个地方的发展产生巨大的推动力。没有人愿意到一个民风不雅、城市脏乱不堪、社会管理无序的地方去投资、发展、就业、定居。由于长期对工业经济的重视，而忽略了城市文化的开发和利用，导致资源枯竭型城市在人文环境建设方面显得十分薄弱，如市民休闲文化氛围不浓厚、城市文化个性不明显、城市公共服务不到位等。文化是旅游业

的核心灵魂，发展旅游业就是挖掘城市文化底蕴和人文特色，同时旅游业对休闲空间环境和公共服务提出了较高要求，因此旅游业就像催化剂，能够强化资源枯竭型城市薄弱的人文环境。

三、旅游业助推资源枯竭型城市社会和谐发展

旅游业能够有效解决或缓解资源枯竭型城市所面临的诸多社会问题，如下岗失业人员的再就业问题、城市居民归属感缺失问题、城市负面形象扭转问题等。

（一）缓解失业压力，促进社会稳定

旅游业作为一项劳动密集型的产业，对不同层次技能的劳动力人员都具有很强的吸纳能力。据统计，与旅游业直接相关的产业有 24 个，间接相关的产业高达 124 个。根据国际经验，旅游业每吸纳 1 个直接就业人员，全社会就会产生 5 个就业机会。资源枯竭型城市通过发展旅游业可以吸纳大量因主导产业衰落而下岗失业的人员，尤其是在工业遗产旅游开发中，由于下岗职工对于自己曾从事的工作、环境和矿区历史非常熟悉，稍加培训就可以成为导游服务人员，为旅游者提供讲解等系列旅游服务。因此发展旅游业可以缓解资源枯竭型城市因为失业人口问题而积累的社会矛盾，有利于社会稳定。

（二）提升居民自豪感，增强社会凝聚力

随着"矿竭城衰"所暴露出的各种问题被媒体报道渲染，以及社会公众对资源枯竭型城市长期以来所持有的负面印象，导致城市居民对其所生活的地方缺少归属感。发展旅游业一方面可以提升当地居民生活水平，让城市居民共享旅游发展的成果；另一方面，旅游业还能促进城市之间的文化交流，助推资源枯竭型城市成为宜居、宜业、宜游的美丽家园，唤醒城市居民的归属感，增强社会凝聚力，营造和谐社会氛围。

(三) 消除负面影响，重塑社会和谐形象

长期的粗放型开发、生产与废物处理技术的相对落后及环保意识的落后导致资源枯竭型城市日益严重的生态环境问题。此外，资源枯竭型城市的矿竭城衰还引发一系列不良的社会问题，如治安事件频发等。在"恶魔效应"的作用下，生态环境破坏和不良社会影响导致了负面城市形象的产生（刘睿文等，2006），"脏乱差"的总体印象在社会公众的心中已根深蒂固。发展旅游业有利于扭转资源枯竭型城市的负面形象，重振城市精神，重塑社会和谐形象。

本 章 小 结

本章认为在特定的历史发展时期，资源枯竭型城市发展与旅游业几乎是"绝缘"状态，地方政府、地方企业和民众都缺乏发展旅游重视旅游的意识，然而当资源枯竭型城市进入资源耗竭、经济衰退的时期，城市未来发展受困的压力形成倒逼机制，迫使城市进行转型。那么，之所以与旅游业能够联姻的驱动机制根源在于两者之间能够形成耦合的共同力量，推进城市转型，且旅游业能够得到很好的发展。本章进而分析了资源枯竭型城市自身由内而外的自我突破力和旅游业从外向内的渗透助推力，二力合一共同形成旅游业推动资源枯竭型城市转型发展与可持续发展的动力。

第四章
转型背景下资源枯竭型城市 旅游业现状梳理分析

旅游业在调整产业结构、促进经济发展、吸收下岗职工、增加就业人数、改善生态环境等方面，确实能够为资源枯竭型城市转型创造巨大的红利。资源枯竭型城市根据自身实际情况通过发展旅游来促进城市转型，实现城市可持续发展。那么，究竟资源枯竭型城市旅游发展的程度如何？旅游产品开发情况如何？旅游产业地位如何？旅游形象定位如何？因此，本章对 24 个资源枯竭型城市进行系统全面的扫描和梳理①，梳理资源枯竭型城市旅游发展现状，为进一步研究做准备。

第一节 资源枯竭型城市旅游产品开发状态

旅游产品是旅游业发展的必要条件和重要基础，对资源枯竭型城市旅游发展具有深远的影响，关乎旅游形象定位和产业发展。旅游景区是旅游产品开发中的核心组成部分，也是旅游者游览、体验、休闲的空间载体。因此，本书从资源枯竭型城市旅游景区数量、等级和类型的角度分析旅游产品的开发现状。

一、旅游景区开发状态描述

旅游景区的数量、等级②和类型能够反映出资源枯竭型城市旅游资源开发的力度、方向和水平，因此，本书通过资源枯竭型城市的旅游主管部门官方网站查询、旅游网站搜索等多种渠道获取资源枯竭型城市旅游景区的相关信息，具体详见附录，统计信息详见表 4-1。

---

① 囿于统计数据的可得性和研究能力所限，本章选取资源枯竭型城市中的 24 个地级市作为全景扫描对象，以期能够管中窥豹。
② 中华人民共和国国家标准《旅游景区质量等级的划分与评定》将旅游景区划分为 5A、4A、3A、2A 和 A 级共 5 个等级，为方便起见，本书只对 3A 及以上的等级景区进行统计。

表4-1　　资源枯竭型城市旅游景区统计信息一览表

序号	城市	景区等级 5A	景区等级 4A	景区等级 3A	景区类型 合计	景区类型 自然类	景区类型 人文类	景区类型 复合类
1	伊春市	1	8	9	18	15	1	2
2	七台河市	0	0	1	1	1	0	0
3	鹤岗市	0	2	2	4	2	0	2
4	双鸭山市	0	1	14	15	9	3	3
5	辽源市	0	0	0	0	0	0	0
6	白山市	1	0	6	7	6	1	0
7	阜新市	0	2	2	4	2	2	0
8	盘锦市	0	2	4	6	4	1	1
9	抚顺市	0	4	3	7	2	5	0
10	乌海市	0	0	4	4	2	2	0
11	枣庄市	1	8	6	15	6	4	5
12	铜川市	0	2	2	4	2	1	1
13	石嘴山市	1	0	2	3	2	0	1
14	白银市	0	2	1	3	2	1	0
15	泸州市	0	3	6	9	6	0	3
16	焦作市	3	3	3	9	2	6	1
17	濮阳市	0	2	4	6	2	2	2
18	黄石市	0	2	4	6	2	2	2
19	淮北市	0	1	1	2	1	1	0
20	铜陵市	0	1	2	3	1	1	1
21	萍乡市	0	2	3	5	2	3	0
22	景德镇市	1	5	4	10	3	4	3
23	新余市	0	1	1	2	1	0	1
24	韶关市	1	3	3	7	5	1	1
25	合计	9	54	87	150	80	41	29

资料来源：作者根据相关资料整理。

二、旅游景区开发现状分析

资源枯竭型城市中共有9个5A级景区、54个4A级景区和87个3A级景区。其中，拥有5A级景区的资源枯竭型城市只有7个，占总数的25%，其余17个城市尚无5A级景区。值得注意的是，仅焦作市就拥有3个5A级景区，表明其旅游产品的开发水平处于领先地位。资源枯竭型城市拥有3A级景区数量比重较大，表明旅游产品开发的总体水平不高，需要进一步加大对旅游资源和景区开发的力度。

资源枯竭型城市的旅游景区类型大致分为自然类、人文类和复合类，其中自然类80个，人文类41个及复合类29个。细致探究发现，24个资源枯竭型城市中仅有两处旅游景区是依托工业遗迹资源建立起来的，分别是黄石国家矿山公园（4A）和萍乡安源路矿工人运动纪念馆（4A）。如此少量的工业遗产类旅游景区与资源枯竭型城市丰富的工业遗迹资源形成了鲜明对比，显得极不相称。这也不难理解，地方政府部门更倾向于选择容易被大众所接受的"香饽饽"型传统旅游资源进行开发，而忽视工业遗迹这类"烫手山芋"型的资源，但这也说明了资源枯竭型城市在工业遗产旅游资源的挖掘和开发水平还有待进一步的提高，因为留住工业历史的文脉和记忆，对于一个资源枯竭型城市来说具有重要的价值。因此，资源枯竭型城市旅游产品的开发不能仅仅指向传统型旅游资源的利用，而应该以泛旅游资源的新视角来开发一切可被旅游所利用、具有旅游价值的社会资源。它是传统资源与新型资源的组合，也是有形资源和无形资源的混搭。

第二节 资源枯竭型城市旅游产业运行态势

2009年，国务院《关于加快发展旅游业的意见》中明确提出要把旅游产业培育成国民经济的战略性支柱产业和人民群众更加满意的现代服务业。旅游业在转方式、调结构、保增长、扩内需、惠民生、促就业等方面发挥着重要的作用。因此，分析资源枯竭型城市旅游产业的运行现状有助于了解当前旅游产业运行的态势、枯竭型城市旅游产业发展的阶段性差异，为进一步研究提供参考依据。

一、旅游产业运行态势描述

本书通过统计年鉴、政府工作报告、旅游主管部门官方网站、搜索引擎网站等渠道获取24个资源枯竭型城市的旅游产业规模、地位等相关信息[①]，详见表4-2。

表4-2　　资源枯竭型城市旅游产业相关信息一览表

序号	城市	旅游产业规模（2012年）		旅游产业地位（2012年）	
		旅游总收入（亿元）	从业人数（万人）	占GDP比重（%）	所属省的旅游平均收入（亿元）
1	伊春市	44	22.8	17.1	黑龙江/96
2	七台河市	11	19.7	3.6	
3	鹤岗市	33	20.5	8.5	
4	双鸭山市	8	25.1	1.4	
5	辽源市	16	20.5	2.7	吉林省/131
6	白山市	51	21.2	7.8	
7	阜新市	101	44.5	18.0	辽宁省/281
8	盘锦市	229	32.3	17.6	
9	抚顺市	322	52.9	25.9	
10	乌海市	17	15.3	3.0	内蒙古/94

---

① 所有数据和信息均以2012年官方公布的资料为依据，其中就业人数以第三产业从业人数替代。

续表

序号	城市	旅游产业规模（2012年）		旅游产业地位（2012年）	
		旅游总收入（亿元）	从业人数（万人）	占GDP比重（%）	所属省的旅游平均收入（亿元）
11	枣庄市	96	84.5	5.6	山东省/265
12	铜川市	31	17.5	11.0	陕西省/171
13	石嘴山市	11	14.6	2.7	宁夏/21
14	白银市	20	21.9	4.6	
15	泸州市	106	61.2	10.3	四川省/156
16	焦作市	200	68.9	12.7	河南省/186
17	濮阳市	77	62.5	7.9	
18	黄石市	55	52.8	5.3	湖北省/202
19	淮北市	41	35.8	6.4	安徽省/163
20	铜陵市	46	20.8	7.5	
21	萍乡市	80	34.5	12.2	江西省/127
22	景德镇市	125	38.1	19.8	
23	新余市	47	26.7	5.6	
24	韶关市	156	54.5	17.6	广东省/351

资料来源：作者根据相关资料整理。

二、旅游产业运行现状分析

从表4-2可以看出，旅游收入过百亿元的资源枯竭型城市有阜新市、盘锦市、抚顺市、泸州市、焦作市、景德镇市和韶关市共7个，仅占总数的29.2%，说明绝大部分资源枯竭型城市旅游收入规模偏小，旅游经济活力有待进一步挖掘；旅游收入占GDP比重超过10%的有伊春市、阜新市、盘锦市、抚顺市、铜川市、泸州市、焦作市、萍乡市、景德镇市和韶关市，共10个，占总数的41.7%，其余58.3%的城市旅游收入占GDP比例均小于10%，表明旅游收入在国民生产总值中的地位偏弱，旅游业的促进作用和引领作用不明显；旅游收入超过所在省份的平均旅游收入的城市有抚顺市和焦作市，占总数的 8.3%，其他绝大部分城市都低于所属省的平均水平，这反映了资源枯竭型城市旅游发展水平低于所在省的平均水平，其旅游业发展较所在省其他城市来说处于相对劣势。

第三节 资源枯竭型城市旅游形象定位现状

面对当前旅游市场竞争异常激烈的发展趋势，旅游形象定位是城市旅游营销中至关重要的一环，定位的准确与否决定了城市在参与旅游目的地竞争中是否容易被旅游者所辨识和牢记。因此，积极正面、独出心裁和朗朗上口的旅游形象定位对资源枯竭型城市的旅游发展显得尤为重要。

一、旅游形象定位现状描述

全球经济发展正处于"印象时代"。旅游经济作为"品牌经济""知名度经济"和"注意力经济"，必须关注旅游形象的定位。通过网络搜集、电话访谈、形象广告等多种渠道获取 24 个资源枯竭型城市的旅游形象定位信息，详见表 4 – 3。

表 4 – 3　　　　资源枯竭型城市旅游形象定位信息一览表

序号	城市	新旅游形象定位	旧旅游形象定位	备注
1	伊春市	中国林都，绿色伊春		
2	七台河市			
3	鹤岗市	中俄界江之都，龙江文明之源，生态人文鹤岗		
4	双鸭山市	北大荒之都		

续表

序号	城市	新旅游形象定位	旧旅游形象定位	备注
5	辽源市	神州鹿苑，七彩田园	神州鹿苑，辽河之源	
6	白山市	神山圣水，天下白山		
7	阜新市	工业旅游新地标 七彩玛瑙靓阜新		百里煤海
8	盘锦市	中国湿地休闲之都，国际生态旅游目的地		
9	抚顺市	启运之地，满族故里		
10	乌海市	黄河·金沙·绿洲书城		
11	枣庄市	江北水乡，运河古城	千年古檀，冠世榴园，生态之乡（2002）	鲁南煤城
12	铜川市	一代药王故里，千年养生福地		
13	石嘴山市	沙湖映贺兰，活力石嘴山	塞上湖泊水乡，园林奇石之城	
14	白银市	黄河奇观，红色圣地	黄河石林 西北瑰宝	
15	泸州市	中国酒城·醉美泸州	中国酒城·生态泸州	
16	焦作市	太极圣地，山水焦作	焦作山水，峡谷极品	黑色煤城
17	濮阳市	中华龙乡·杂技之都·休闲濮阳	中华龙乡，花园城市	
18	黄石市	青铜故里·山水黄石		光灰城市
19	淮北市	皖北江南，文明淮北		
20	铜陵市	世界铜都·生态之城	中国古铜都，世界白鳍豚	
21	萍乡市	萍水乡逢，缘聚天下		
22	景德镇市	世界瓷都，艺术之城；千年名镇，生态家园		
23	新余市	一湖情爱水，四座养生山	天工开物之城，浪漫魅力之都	
24	韶关市	元起丹霞，禅蕴韶关		

资料来源：作者根据相关资料整理。

根据表 4-3 可知，24 个资源枯竭型城市中有 23 个城市有自身的旅游形象定位，而七台河市并没有明确的官方旅游形象定位。七台河市旅游形象的缺位侧面说明了其旅游业发展远未成熟，没有挖掘出地方旅游的特色资源和塑造鲜明的城市旅游形象。在 23 个已有旅游形象定位的资源枯竭型城市中，有 17 个城市的旅游形象定位字数在 10 字以内，多为前后两个四字短语或五字短语，但前后短语之间没有严格的对仗关系。此外，有 7 个资源枯竭型城市的旅游形象定位进行过修改或更换。

二、旅游形象定位现状剖析

（一）定位方式剖析

从表 4-3 不难发现，有 11 个资源枯竭型城市旅游形象定位中嵌入或暗含了城市名称，且大多数将城市名称置放在定位语句的末端，作为定位口号的落脚点。这种定位方式最大的优点是直接明了地表明旅游形象的归属地，同时又能通过宣传促销反复强化游客对城市名称的记忆。而其他没有运用这种方式的资源枯竭型城市大多使用"故里""之都""之城""福地"和"田园"等具有地域界限的词汇作为定位的落脚点，这种定位方式彰显了该资源枯竭型城市在某种旅游资源上的丰富度或知名度在一定区域范围内具有领先优势，但又往往容易将城市特色局限于某种资源上，同时，例如"生态之城""养生福地"和"艺术之城"等包罗万象似的定位方式实则让城市显得更无特色可言，且口号易被模仿或复制。此外，大部分资源枯竭型城市使用字数相对较少的形象定位短语，这种定位方式的旅游形象便于游客记忆。

（二）定位内涵剖析

从表 4-3 中可以看出，"绿色""生态""山水"等词汇是资源枯竭型城市的旅游形象定位中出现频率较高的关键词，从内涵上传递出令人审美愉悦的积极正面的信息，表明地方政府渴求改变外界对资源枯竭型城市"脏、乱、差"的负面形象感知。

从定位内涵的准确度上来讲，有的资源枯竭型城市旅游形象定位内涵模糊抽象，缺乏具体事物作为支撑，无法从中获取该城市的形象特色，会让游客难以对其所宣传的旅游形象心悦诚服。如萍乡市的"萍水乡逢，缘聚天下"，仅仅是将"萍乡"二字暗嵌在形象口号中，却没有任何关于代表萍乡旅游形象特色的信息。又如淮北市的"皖北江南，文明淮北"，使用了"江南""文明"等抽象词汇，令游客无法捕捉到淮北市任何有关旅游特色的具体信息。当然，也有部分资源枯竭型城市经过多次形象定位的筛选和沉淀，凝练出非常有特色和代表性的旅游形象。如焦作市的"太极圣地，山水焦作"，既表达了焦作是一个山水自然资源丰富的绿色生态城市，又传达出焦作还是一个太极文化浓厚的人文圣地，焦作的太极山水旅游形象呼之欲出，让人印象深刻。韶关市的"元起丹霞，禅蕴韶关"，将韶关的丹霞山、禅宗六祖两个极具代表性的资源融合到旅游形象定位中，同时"元起"又暗含了丹霞山最为著名的阳元石和阴元石自然景观，营造了生命自此开始的神秘意境，而"禅蕴"则表达了韶关是一个禅宗氛围浓厚的城市，给人一种祥和、宁静的城市意象。

从定位内涵的关联度上讲，绝大部分资源枯竭型城市没有延续其曾作为工业城市的文脉，旅游形象定位完全摆脱工业城市形象，可以说，现有的旅游形象内涵与其工业发展历史的关联度几乎为零，但也有少部分资源枯竭型城市着力开发其工业遗产旅游资源，延续了其工业城市的历史文脉。如阜新的"工业旅游新地标，七彩玛瑙靓阜新"，明确地推出了工业旅游形象；黄石的"青铜故里，山水黄石"，则传达了黄石作为千年矿冶名城的山水工业城市新形象。黄石是华夏青铜文化的发祥地之一，也是近代中国民族工业的摇篮，有3000多年矿冶文化史，黄石城市精神根植于矿冶文化，矿冶工业遗产是矿冶文化精神的载体。矿冶文化精神蕴涵着工业文明的精髓，是黄石老工业基地独具的城市特质，具有非常重大的旅游利用价值。近年来，黄石市通过旅游宣传和举办国际矿冶文化节，凝练了"中华矿冶文化之都"的城市工业旅游形象主题，树立了工业旅游城市新形象。尽管目前黄石市政府已经确立了鲜明的工业旅游形象主题，打造"中华矿业文化之都"的城市形象，但是目前黄石市还没有一个宣传黄石工业旅游形象的官方网站，形象宣传的渠道建设待进一步完善和创新。此外，黄石工业旅游形象主题仅停留在政府操作层面，政府作为工业旅游形象的缔造者不光意味着旅游市场对黄石工业旅游形象的认知和接受，既需要政府充分地挖掘黄石老工业基地特色的文化内涵，打造中国工业旅游城市新形象，也要重视对客源市场进行黄石工业旅游形象宣传，创新和丰富工业旅游产品开发，提升工业旅游形象品牌，将黄石打造成中国最美工业旅游城市之一。

（三）定位途径剖析

根据上述资源枯竭型城市旅游形象定位的具体内容，并参照资源枯竭型城市旅游景区开发现状，发现有些资源枯竭型城市的旅游形象所表达的信息与现实旅游核心产品之间缺乏一致性和关联性，旅游形象缺乏相应的高质量旅游产品进行支撑，即旅游形象定位途径上没有以资源枯竭型城市的特色资源或龙头旅游产品为导向，出现了偏差。如辽源市的"神州鹿苑，七彩田园"的旅游形象定位，而辽源市却尚无一家3A级及以上的旅游景区，缺乏较高质量、高品质的旅游产品作为形象的支撑。

通过上面的分析可以总结出，大部分资源枯竭型城市的旅游形象定位缺乏鲜明特色，且定位路径不清晰，形象内涵与旅游产品脱节，沦为"空中楼阁"。

本 章 小 结

本章分别从旅游产品、旅游产业和旅游形象等方面对资源枯竭型城市的旅游发展现状进行全景扫描，发现总体上呈现出旅游产品开发水平较低、旅游产业规模偏小、旅游形象定位模糊等问题。具体来说，在旅游产品开发上，资源枯竭型城市总体上还处于粗糙开发的阶段，开发水平较低。其一，从旅游景区的类型和等级上可以看出多数资源枯竭型城市的旅游景区档次偏低，吸引力有限，旅游产品开发的总体上水平不高，表明多数资源枯竭型城市没有花心思、花力气或因财力有限等主客观原因去精心开发旅游资源；其二，大部分资源枯竭型城市对其工业遗迹资源开发力度还不够，鲜有高品质的旅游产品，仅有黄石国家矿山公园（4A）和萍乡安源路矿工人运动纪念馆（4A）两处旅游景区。在旅游产业规模上，大部分资源枯竭型城市的旅游产业规模较小,旅游收入偏低,普遍低于其所在省份的平均水平。在旅游发展模式上,绝大部分资源枯竭型城市没有探索出适用于自身的旅游发展模式,大都处于"随波逐流"或"囫囵吞枣"的发展状态,形式单一。在旅游形象定位上,除了少数资源枯竭型城市有鲜明的旅游形象定位之外,大多数城市的形象定位缺乏特色,且雷同较多。

第五章
旅游业推动资源枯竭型城市转型效率的评价研究

本章对利用随机前沿分析法（SFA）评价旅游业推动资源枯竭型城市转型的效率，通过客观评价、量化分析影响旅游业促进转型效率的影响因素，为优化旅游业推动资源枯竭型城市的转型与高质量发展的对策建议提供经验、数据的支撑和证据。

第一节　实证研究设计

一、方法简介与模型设定

（一）方法简介

目前，有关效率测度的生产前沿分析技术包括非参数法和参数法两大类。其中，非参数法以数据包络分析法（DEA）为代表。该方法无须设定具体的前沿生产函数，而是采用线性规划技术对评价单元的数据资料进行综合分析，寻找能够反映单位投入或产出的最优线性组合，以此确定生产效率的前沿面（Charnes et al.，1978）。然后将每个评价单元与最佳评价单元所代表的效率前沿相比较，进而测算出其相对于前沿面的效率水平（Banker et al.，1984）。但该方法是假定不存在误差项，并忽视随机误差因素的影响，且测算结果对数据异常值较为敏感（Hjalmarsso et al.，1996），也很难识别技术无效率的影响因素（Kea，2016）；而参数法则以随机前沿分析法（SFA）为代表，该方法需要对所设定的前沿生产函数进行参数估计，将模型中的复合误差项分解为随机误差项和技术无效率项（Aigner et al.，1977），进而能够估计出效率无效中影响因素的作用方向和大小，从而为管理者提供客观的政策制定依据。但该方法需要预先设定生产函数，易受到主观的影响。

本书采用随机前沿分析法测度旅游业推动资源枯竭型城市转型的效率及其

影响因素的效应，基于以下考虑：

第一，由于旅游产业的综合性和敏感性等属性的特点，易受宏观经济和政策的影响，在数据统计上不可避免地会存在异常波动的情况，随机前沿分析法可以很好地克服极端值的干扰，降低效率估计偏误（Etienne et al., 2019），更加准确地测度旅游业推动资源枯竭型城市转型的效率；

第二，还可以同时估计出技术无效函数中影响因素的相应参数（Kea, 2016），包括旅游业推动城市转型效率影响因素的作用大小和方向（宋玉臣等, 2017），故而可以量化分析相关因素对旅游业推动城市转型效率的影响效应，为资源枯竭型城市的管理者提供量化的决策依据。

因此，随机前沿分析法为评价旅游业推动资源枯竭型城市转型的效率提供了一个统一的分析框架，可以同时测度旅游业推动城市转型的效率和评估相关因素的影响效应，具有较好的适用性。

（二）模型设定

根据巴蒂斯和科埃利（Battese & Coelli, 1995），随机生产前沿模型可分为两部分函数，即生产函数和技术无效率函数。

1. 生产函数设定

目前，常见的生产函数有柯布道格拉斯函数（C–D 函数）和超越对数生产函数（Trans–log 函数）两种基本形式。鉴于超越对数生产函数不仅考虑了生产要素之间相互替代作用的变动情况，还考虑了生产要素的非中性技术进步，无须技术中性、要素替代弹性固定等严苛的假定，更具有一般性特征，符合资源枯竭型城市旅游业发展的实际情况。旅游业推动资源枯竭型城市转型发展中的基本投入要素主要分为资本要素（K）和劳动力要素（L），同时考虑技术进步和生产要素弹性的时变性，本书将随机前沿生产函数初步设定为超越对数生产函数的时变形式，并将在实证分析前通过相关的检验方法确定其适宜性。具体如下：

$$\ln Y_{it} = \beta_0 + \beta_1 \ln K_{it} + \beta_2 \ln L_{it} + \beta_3 T + \frac{1}{2}\beta_4 (\ln K_{it})^2 + \frac{1}{2}\beta_5 (\ln L_{it})^2 + \frac{1}{2}\beta_6 T^2$$
$$+ \beta_7 \ln K_{it} \times \ln L_{it} + \beta_8 T \times \ln K_{it} + \beta_9 T \times \ln L_{it} + V_{it} - U_{it} \quad (5.1)$$

其中，Y_{it} 表示资源枯竭型城市 i 在 t 年的旅游业推动资源枯竭型城市转型的产出；K_{it}和L_{it}分别表示旅游业推动资源枯竭型城市转型过程中投入的资本与劳动力要素；T为时间趋势项，代表了旅游业推动资源枯竭型城市转型过程中技术进步的变化；V_{it}为随机扰动项，假定其服从零均值、不变方差的正态分布，即$V_{it} \sim N(0, \sigma_v^2)$；$U_{it}$表示技术无效率函数，并假设服从非负断尾正态分布，即$U_{it} \sim N^+(m, \sigma_u^2)$，同时$V_{it}$和$U_{it}$相互独立。

2. 技术无效率函数设定

基于资源枯竭型城市转型与旅游业发展的实际情况，并结合相关文献，本书拟对以下几个主要影响因素进行重点分析。

（1）市内交通（Internal Transport System，ITS）。

在市内交通与旅游业推动城市转型效率的关系研究方面，一般认为，市内交通水平的提高有利于旅游业发展，进而促进转型效率的提升，但是随着资源枯竭型城市市内交通条件的持续改善，周边游客进出旅游目的地更加便利，"过夜游"概率有可能降低，使旅游出现"快进快出"现象（方叶林等，2018）。由于"快进快出"和"过夜游"概率下降容易造成"人旺财不旺"的旅游消费不足问题，反而会导致旅游业发展促进资源枯竭型城市转型效率下降。因此推断市内交通与转型效率之间可能存在非线性关系。本书采用资源枯竭型城市中普通公路里程表征市内交通水平。

（2）对外交通（External Transport System，ETS）。

对外交通是资源枯竭型城市与其他城市进行要素交换、经贸往来和沟通有无的重要载体和通道，同样也是城市发展旅游产业的先决条件。从旅游流的客观规律来看，旅游目的地与客源地之间的大交通条件越完善、越便利，时间约束下的游客更偏好流向交通更便捷的旅游地。因此，资源枯竭型城市若能够建立起与旅游客源地之间通达的对外交通，或者融入国家主干交通网络中，就越有利于地区旅游业发展，也就增强了旅游业推动城市转型效率提升的原动力。当前，以高铁为代表的客运铁路网络对城市经济社会发展的综合带动作用已获得广泛共识，对城市旅游业发展具有显著的促进作用（Zhou and Li，2018）。因此，本书利用是否开通高铁/动车的虚拟变量来衡量资源枯竭型城市对外交通发展水平。具体地，将资源枯竭型城市开通高铁/动车的年份及以后年份均取值为1，未开通的年份取值为0。

（3）旅游专业化（Tourism Specialization，TS）。

旅游专业化程度较高的地区往往拥有更完善的服务设施（Weidenfeld，2018）、更优质的旅游人力资源（Biagi et al.，2017）和更健全的地方制度体系（Antonakakis，2019），因而有利于改进旅游业推动资源枯竭型城市转型效率。但赵磊等（2018）提出旅游业发展到一定阶段会诱发"资源诅咒""红利漏损""福利损失"等消极影响，同时还会对其他产业产生"排挤效应"（Croes et al.，2018），从而导致削弱旅游业对资源枯竭型城市转型的促进效应。这表明在旅游发展水平的不同阶段，旅游专业化对旅游业推动城市转型效率的影响作用较为复杂，可能存在某种非线性关系。为此，借鉴维塔和基奥（Vita & Kyaw，2016）、张大鹏和舒伯阳（2018）等学者的通行做法，采用地区旅游总收入与地区生产总值之比来度量区域旅游发展水平，并引入旅游业发展水平的二次项来检验旅游业发展水平对旅游业推动资源枯竭型城市转型效率的非线性影响。

（4）外贸依存度（Foreign Trade Dependence Degree，FTDD）。"使者相望于道，商旅不绝于途"①描绘了古丝绸之路沿线上各国政治交往、经济贸易的人员往来繁荣景象，表明贸易活动促进了商旅的流动（Kulendran & Wilson，2000；Khan et al.，2017；Tsui & Fung，2016），从而为城市住宿业带来了源源不断的客流，特别是为当地带来大量的高端商务型客源（徐丹等，2016）。"一带一路"倡议的推进和贸易全球化趋势将会极大地促进我国对外贸易发展，这为城市住宿业带来了巨大的市场机遇。因此可以合理地认为对外贸易是旅游业推动资源枯竭型城市转型效率的一个重要影响因素，且这种影响作用将有持续强化的趋势。参照一般做法，采用外贸依存度来衡量各地区对外贸易的活跃程度，计算公式为：FTDD = 城市进出口贸易总额/地区生产总值。

此外，为了尽可能地避免因遗漏变量而导致技术无效率函数模型的设定偏误以及由此产生的内生性问题，本书将既影响旅游业推动资源枯竭型城市转型效率同时又与上述四个核心变量相关的因素加以控制，最大限度地保证技术无效函数估计结果的无偏性和有效性。因此借鉴相关研究成果，引入了如下控制变量：政府干预（GOV）、教育水平（EDU）和金融发展水平（FIAN）。同时考虑到技术无效函数的时变性特征，本书将技术无效函数设定如下：

$$U_{it} = \delta_0 + \delta_1 ITS_{it} + \delta_2 ITS_{it}^2 + \delta_3 ETS_{it} + \delta_4 TS_{it} + \delta_5 TS_{it}^2 + \delta_6 FTDD_{it}$$

---

① "使者相望于道，商旅不绝于途"出自习近平主席于2017年5月14日在"一带一路"国际合作高峰论坛开幕式上的演讲。

$$+ \delta_7 \text{GOV}_{it} + \delta_8 \text{EDU}_{it} + \delta_9 \text{FIAN}_{it} + w_{it} \qquad (5.2)$$

二、指标选取与变量说明

在产出变量上，选取城市经济增长率作为衡量旅游业推动资源枯竭型城市转型的产出指标，在投入变量上，本书主要从资本与劳动力要素视角来进行考量，其中，旅游发展中的资本要素投入涉及旅游交通改善、旅游环境美化、旅游基础设施建设等方面，又由于旅游业内涵和外延性的不断扩大，这些用于旅游业发展方面的投入难以与其他公共设施投入严格剥离开来。因此，采用资源枯竭型城市社会固定资产投资总额作为资本要素投入的表征指标；劳动力投入要素的理想指标是旅游从业人数，但大部分资源枯竭型城市缺乏旅游从业人数的官方统计数据。基于数据的可得性和不失一般性，本书选用城市第三产业从业人数来衡量旅游业发展中的劳动力要素投入。上述指标中，固定资产投资总额单位为"万元"，第三产业从业人数单位为"人"。为剔除物价变动因素的影响，本书以 2004 年为基期，采用固定资产投资价格指数分别对固定资产投资总额按基期不变价进行平减。此外，为了减缓异方差的影响，本书对相关变量进行了自然对数化处理（见表 5-1）。

表 5-1 变量说明及其测量方法

序号	变量名称	名称简写	变量测量方法
1	生产总值增长率	Y	资源枯竭型城市生产总值增长率
2	资本要素	K	社会固定资产投资总额，并以 2004 年为基期进行平减
3	劳动要素	L	第三产业从业人员数量
4	市内交通	ITS	普通公路通车总里程
5	对外交通	ETS	虚拟变量，高铁动车开通年份取 1，未开通年份取 0
6	旅游专业化	TS	旅游总收入/地区生产总值

续表

序号	变量名称	名称简写	变量测量方法
7	外贸依存度	FTDD	城市进出口贸易总额/地区生产总值
8	政府干预	GOV	政府财政支出/地区生产总值
9	教育水平	EDU	在校中学生人数/地区总人口
10	金融发展水平	FIAN	年末金融机构各项贷款余额/地区生产总值

资料来源：作者根据相关资料整理。

三、假设检验与模型确定

为了检验式（5.1）的适宜性，分别进行五个假设检验。具体如下：

（1）检验技术效率变化中是否存在无效率项，即随机前沿生产函数的适用性。通过对巴蒂斯和科埃利（Battese & Coelli，1993）定义的变差率 γ 的零假设检验来判断是否存在技术无效率项。γ 是随机前沿生产函数复合误差项中技术无效率项所占比重，为模型的待估参数，其表达式为 $\gamma = \frac{\sigma_u^2}{\sigma_v^2 + \sigma_u^2}$，其中，$\sigma_v^2$ 和 σ_u^2 分别为随机误差项和技术无效率项的方差，变差率 γ 取值范围为 [0，1]。原假设为 H_0：$\gamma = 0$，备择假设为 H_1：$\gamma \neq 0$，若接受原假设，表明模型不存在技术无效率项，导致效率偏离生产前沿面的因素只是随机噪声，模型可以直接利用普通最小二乘法进行估计；若拒绝原假设，即接受备择假设，说明利用随机前沿生产函数是适宜的。同时还可以通过 γ 的值判断效率偏差的来源构成比重，当 γ 趋近于 1 时，说明效率偏差主要由技术非效率项决定；当 γ 趋近于 0 时，表明效率偏差主要来源于不可控且难以观测的随机因素的影响。

（2）检验随机前沿生产函数是否采用柯布道格拉斯生产函数形式。原假设为 H_0：$\beta_4 = \beta_5 = \beta_6 = \beta_7 = \beta_8 = \beta_9 = 0$，模型为柯布道格拉斯函数，备择假设为 H_1：$\beta_4 = \beta_5 = \beta_6 = \beta_7 = \beta_8 = \beta_9 \neq 0$，模型为超越对数生产函数。若拒绝原假设，说明采用超越对数生产函数模型更符合旅游业发展实际。

（3）检验有无技术进步。原假设为 H_0：$\beta_3 = \beta_6 = \beta_8 = \beta_9 = 0$，备择假设为 H_1：$\beta_3 = \beta_6 = \beta_8 = \beta_9 \neq 0$。若拒绝原假设，说明存在技术进步。

(4) 检验技术进步是否为希克斯中性。原假设为 H_0：$\beta_8 = \beta_9 = 0$，备择假设为 H_1：$\beta_8 = \beta_9 \neq 0$。若拒绝原假设，说明技术进步影响了投入要素边际产出之间的比率。

(5) 检验技术效率是否存在时变特征。原假设为 H_0：$\eta = 0$，备择假设为 H_1：$\eta \neq 0$。若拒绝原假设，说明技术效率具有时变性。

本书通过构造广义似然比检验统计量 LR 进行相关检验，其表达式如下：$LR = -2\ln\left[\dfrac{L(H_0)}{L(H_1)}\right] = 2[\ln L(H_1) - \ln L(H_0)]$，其中，$\ln L(H_0)$ 和 $\ln L(H_1)$ 分别为原假设 H_0（含有约束条件的模型）和备择假设 H_1（无约束条件的模型）下的对数似然函数值。检验统计量 LR 服从混合卡方分布，即 $LR \sim \chi^2_{1-\alpha}(k)$。其中，$\alpha$ 为显著性水平，自由度 k 为受约束变量个数。若统计量 LR 数值大于相应显著性水平下的临界值，则拒绝原假设，即支持备择假设。表 5-2 给出了五个假设相应的广义似然比检验结果，其中四个原假设的广义似然比统计量均在 5% 水平上显著，由此支持备择假设，检验 4 中的 LR 统计量在 10% 水平上显著，拒绝原假设。具体假设检验结果汇总如下：

表 5-2　　　　　　　　假设检验结果汇总

检验	检验目的	假设	LLF	LR	自由度 (k)	$\chi^2_{0.9}(k)$	$\chi^2_{0.95}(k)$	检验结果
1	随机前沿模型适用性	H_0：$\gamma = 0$	-18.21	270.84	3	5.53	7.05	5%水平下拒绝
		H_1：$\gamma \neq 0$	117.21					
2	生产函数形式	H_0：$\beta_4 = \beta_5 = \beta_6 = \beta_7 = \beta_8 = \beta_9 = 0$	84.02	66.37	3	5.53	7.05	5%水平下拒绝
		H_1：$\beta_4 = \beta_5 = \beta_6 = \beta_7 = \beta_8 = \beta_9 \neq 0$	117.21					
3	模型是否有技术变化	H_0：$\beta_3 = \beta_6 = \beta_8 = \beta_9 = 0$	96.09	42.22	3	5.53	7.05	5%水平下拒绝
		H_1：$\beta_3 = \beta_6 = \beta_8 = \beta_9 \neq 0$	117.21					

续表

检验	检验目的	假设	LLF	LR	自由度(k)	$\chi^2_{0.9}(k)$	$\chi^2_{0.95}(k)$	检验结果
4	技术变化是否为希克斯中性	$H_0: \beta_8 = \beta_9 = 0$	113.75	6.92	3	5.53	7.05	10%水平下拒绝
		$H_1: \beta_8 = \beta_9 \neq 0$	117.21					
5	是否存在时变特征	$H_0: \eta = 0$	112.87	8.67	2	3.81	5.14	5%水平下拒绝
		$H_1: \eta \neq 0$	117.21					

资料来源：作者根据相关资料整理。

根据表 5-2 所示检验结果，表明旅游业推动资源枯竭型城市转型效率实证模型中存在无效率项，随机前沿生产函数采取超越对数生产函数形式更为合适；旅游业促进城市转型效率变化中存在技术进步，且为非希克斯中性，说明存在偏性技术进步，生产要素替代弹性可变，这更加贴近旅游业推动资源枯竭型城市转型发展的实际和现实情况。因此，本书关于旅游业推动资源枯竭型城市转型效率的测度及影响因素评价的最终模型如下：

$$\begin{aligned} \ln Y_{it} = & \beta_0 + \beta_1 \ln K_{it} + \beta_2 \ln L_{it} + \beta_3 T + \frac{1}{2}\beta_4 (\ln K_{it})^2 + \frac{1}{2}\beta_5 (\ln K_{it})^2 + \frac{1}{2}\beta_6 T^2 \\ & + \beta_7 \ln K_{it} \times \ln L_{it} + \beta_8 T \times \ln K_{it} + \beta_9 T \times \ln L_{it} + V_{it} - U_{it} \\ U_{it} = & \delta_0 + \delta_1 ITS_{it} + \delta_2 ITS_{it}^2 + \delta_3 TS_{it} + \delta_4 TS_{it} + \delta_5 TS_{it}^2 + \delta_6 FTDD_{it} \\ & + \delta_7 GDV_{it} + \delta_8 EDU_{it} + \delta_9 FIAN_{it} + w_{it} \end{aligned} \tag{5.3}$$

四、研究样本与数据来源

1. 研究样本

考虑到资源枯竭型城市中县级市的统计资料较难获取，且县级市与地级市不能混合在一起进行比较分析，故本书选择资源枯竭型城市中的地级市作为研究对象。除此之外，还充分考虑了城市规模、空间分布、时间截面和对象数量四个因素，尽可能做到研究对象满足旅游业推动资源枯竭型城市转型效率评价的目标和方法要求。

从城市规模上看,突出均衡性。鉴于统计指标的一致性考量,所选取的城市规模应该为同等级,故本书定量研究所选取的资源枯竭型城市均为地级市。这样能够保证每一个评价对象具有相似的城市发展规模和外部环境,保证效率评价的有效性和准确性。

从空间分布上看,突出合理性。资源枯竭型城市在空间上分布较广,但东北地区较多。本书在研究对象选取上,既考虑对象分布的均衡性,保证各区域均有典型对象代表。同时也突出某些区域富集资源枯竭型城市的特点,研究对象数量相对给予倾斜。

从时间截面上看,突出典型性。从中国旅游业发展的历史阶段来看,资源枯竭型城市旅游业发展普遍处于起步较晚的阶段。虽然首批资源枯竭型城市的审批确定时间为2008年,但是有些城市较早地就将发展旅游业作为重要的战略方向,结合研究目的,为了反映旅游业推动资源枯竭型城市转型效率的演进变化情况,以及掌握不同资源枯竭型城市旅游业推动城市转型效率的差异情况,本书利用2004~2016年13个年份的面板数据进行研究。

因此,本书从国务院先后分三批确定公布的69个资源枯竭型城市中选取24个地级市作为研究样本,如表5-3所示。

表5-3　　　　　　　　　　研究样本一览表

所在省份	地级城市	资源类型	获批年份	所在省份	地级城市	资源类型	获批年份
黑龙江	伊春市	森工	2008年	宁夏	石嘴山市	煤炭	2008年
黑龙江	七台河市	煤炭	2009年	甘肃	白银市	冶金	2008年
黑龙江	鹤岗市	煤炭	2011年	四川	泸州市	其他	2011年
黑龙江	双鸭山市	煤炭	2011年	河南	焦作市	煤炭	2008年
吉林	辽源市	煤炭	2008年	河南	濮阳市	石油	2011年
吉林	白山市	煤炭	2008年	湖北	黄石市	冶金	2009年

续表

所在省份	地级城市	资源类型	获批年份	所在省份	地级城市	资源类型	获批年份
辽宁	阜新市	煤炭	2008年	安徽	淮北市	煤炭	2009年
	盘锦市	石油	2008年		铜陵市	冶金	2009年
	抚顺市	煤炭	2009年	江西	萍乡市	煤炭	2008年
内蒙古	乌海市	煤炭	2011年		景德镇市	其他	2009年
山东	枣庄市	煤炭	2009年		新余市	煤炭	2011年
陕西	铜川市	煤炭	2009年	广东	韶关市	冶金	2011年

资料来源：作者根据相关资料整理。

2. 数据来源

考虑到统计数据的可得性和一致性，本书选取24个资源枯竭型城市（地级市）2004~2016年面板数据作为计量分析样本。研究的数据主要来源于EPS数据平台的《中国区域经济数据库》《中国旅游统计数据库》《中国城市统计数据库》，还有部分数据来自各城市国民经济与社会发展统计公报。此外，采取插值方式对个别缺失数据进行补充完善。

第二节 评价结果分析

一、模型估计结果汇总

为了检验模型估计的可靠性和稳健性，利用Frontier 4.1软件同时估计了技术无效函数中不含ITS二次项（模型2）、不含TS二次项（模型3）、不含ITS二次项和TS二次项（模型4）的情况。估计方法使用一步最大似然法，估计结果如表5-4所示。

表 5-4 随机前沿模型估计结果一览表

变量	估计系数	模型 1	模型 2	模型 3	模型 4
常数项	β_0	-1.7758***	2.0018***	1.6800***	1.9239***
lnK	β_1	0.3779***	0.3802***	0.3719***	0.4008***
lnL	β_2	0.5529***	0.5811***	0.4904***	0.5978***
T	β_3	0.1456***	0.0154	0.0519**	0.0984
$(1/2) \times (\ln K)^2$	β_4	0.0214**	0.0134**	0.0186**	0.0315**
$(1/2) \times (\ln L)^2$	β_5	0.1251*	0.2521*	0.1102*	0.1347*
$(1/2) \times T^2$	β_6	-0.0176***	-0.1236	-0.0246*	-0.0113***
$\ln K \times \ln L$	β_7	-0.3416	-0.3123	-0.2996	-0.4116
$T \times \ln K$	β_8	0.0567*	0.0487*	0.0563*	0.0321*
$T \times \ln L$	β_9	0.0432***	0.0541***	0.0476***	0.0389***
技术无效函数					
常数项	δ_0	0.1891	0.0354	0.0210	-0.1224
ITS	δ_1	-1.3864***	-1.3232***	-0.7430**	-0.8518***
ITS^2	δ_2	0.8454***		0.5382***	
ETS	δ_3	-1.0273***	-1.1848**	-0.9184***	-0.8097**
TS	δ_4	-0.3365***	-0.4565*	-0.3076***	-0.4197***
TS^2	δ_5	0.6310**	0.5881		
FTDD	δ_6	-1.0696**	-1.0454**	-1.1224*	-0.9565*
GOV	δ_7	-2.2516***	-1.9205***	-2.1309	-2.1486***
EDU	δ_8	-0.9236**	-1.3386**	-1.2467*	-1.1449*
FIAN	δ_9	-1.2236**	-1.0231**	-1.1231**	-0.9749*
方差参数					
σ^2		0.3352***	0.2407***	0.2678***	0.3155***
γ		0.8235***	0.7934***	0.8051***	0.7845***
诊断信息					
Log 函数值		-167.03	-158.50	-147.82	-151.68
LR 检验		94.89	91.97	73.31	85.60

续表

变量	估计系数	模型1	模型2	模型3	模型4
样本数		312	312	312	312
年数		13	13	13	13
截面数		24	24	24	24

注：***、**、*分别表示在1%、5%、10%的水平显著；技术无效函数中负号表示该变量对技术无效负相关，即对技术效率有正向影响，反之亦然；LR检验值服从混合卡方分布。

资料来源：本书计算整理。

二、旅游业推动资源枯竭型城市转型效率的总体层面分析

由表5-4可知，模型1中方差参数 γ 为0.8235，且在1%的显著性水平上通过了t检验，表明复合误差项的变异有较大部分是由技术无效率项 μ 引起的。这一估计结果说明2004~2016年间旅游业推动资源枯竭型城市转型中存在着技术无效率，利用包含无效率影响因素的随机前沿函数是合理且适宜的。模型2（不含ITS二次项）、模型3（不含交互项ETS×TS）和模型4（不含ITS二次项、TS二次项）的估计结果与模型1相近，说明模型1结果较为稳健，且模型1无效率项中的各参数估计均在常用显著性水平上显著，蕴涵着较深刻的经济学意义和丰富的政策含义。因而，本书主要对模型1的分析结果进行重点分析。

1. 技术进步的效应分析

表5-4中模型1结果显示，前沿生产函数中的时间趋势一次项系数为0.1456，且在1%的水平下显著，表明每年平均技术进步为14.56%，说明技术进步有利于加快旅游业促进资源枯竭型城市转型的进程，提高了旅游业推动城市转型的效率。这一方面得益于信息技术（Navío-Marco et al.，2018）、移动终端（Chen et al.，2016）、电子商务（Tatiana et al.，2018）、人工智能（Rong，2017）等先进技术在旅游业发展中发挥了一定作用。随着信息技术、移动通信等现代科技在旅游产业中的广泛渗透和应用，有效地提高了城市旅游目的地管理效率，降低了旅游业发展中的管理成本，有利于

提升旅游业推动城市转型效率。

但需引起注意的是，时间变量的二次项系数为 -0.0176，且通过了1%水平的显著性水平检验，说明技术进步对旅游业推动城市转型的效率随时间变化呈现出微弱的抑制效应。旅游产业的发展需要科学技术的支撑，而人才则是将科学技术转化为现实生产力的内生动力，随着科学技术的日益渗透，资源枯竭型城市居民，尤其是过去主导产业中的下岗职工由于自身能力受限，科学素质较低，导致科技的带动作用不足，边际效应递减，旅游业促进城市转型的效率下降。为此，资源枯竭型城市应加强培养既懂技术又善经营管理的旅游科技人才，发挥科技的"倍增器"作用。

2. 资本与劳动要素的分析

旅游发展的资本要素平均产出弹性值为 0.3059（$\beta_1 + \beta_4 \times \ln K + \beta_7 \times \ln L + \beta_8 \times t$），劳动要素的平均产出弹性值为 0.8157（$\beta_2 + \beta_5 \times \ln L + \beta_7 \times \ln K + \beta_9 \times t$），不难看出两者平均产出弹性之和大于1，表明旅游业推动资源枯竭型城市转型发展处于规模报酬递增阶段，这可从图5-1中表示规模报酬的趋势线得到直观反映。

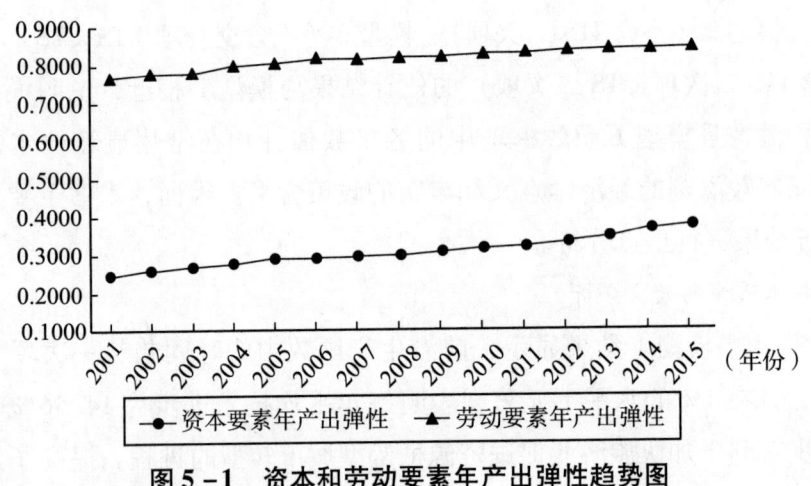

图 5-1 资本和劳动要素年产出弹性趋势图

资料来源：作者根据相关资料绘制。

进一步分析资本要素和劳动要素的年产出弹性趋势可知，资本要素的年产出弹性值呈持续上升趋势，意味着旅游业推动资源枯竭型城市转型发展中的固定资产投资的边际效益不断提高，这主要是得益于资源枯竭型城市通过扩大旅游业固定资产投资拉动地方经济发展，优化产业布局，促进了城市转型。旅游资本的持续投入是提升旅游业推动资源枯竭型城市转型效率的有力促进因素，进一步通过资本要素与时间的交互项系数为正，同样也表明随着时间的推移，固定资产投资的增长会继续扩大旅游业的投资对城市转型的促进作用。

同时，旅游业推动城市转型发展中的劳动要素年产出弹性也保持着总体上平稳增长态势，表明旅游业从业人数的增加有助于转型效率的提高，从而说明资源枯竭型城市的旅游人力资源正逐渐发挥人才优势，这主要得益于近年来我国高校旅游管理专业为社会输送了大量专业人才。劳动要素与时间的交互项系数为正，更加表明人力资源在提升旅游业推动资源枯竭型城市转型效率的过程中发挥了越来越重要的作用。

上述分析给资源枯竭型城市旅游业传递了一个重要信号，既要注重旅游项目的扩张和硬件设施的升级，也要重视旅游服务人才数量和质量的双提高，有效发挥资本要素和劳动要素在旅游业推动资源枯竭型城市转型中的重要促进作用。该实证结论有力地支持了众多学者关于加大旅游业各要素投入来提升资源型城市转型发展的对策建议。

3. 转型效率总体分析

观察期内 24 个资源枯竭型城市的旅游业推动城市转型效率的年平均值仅为 0.4195，整体水平很低，均未达到转型效率前沿面。如图 5-2 所示，超过半数的资源枯竭型城市转型效率落在平均值的内环，说明旅游业促进资源枯竭型城市转型中确实存在技术无效率。由表 5-5、表 5-6 和图 5-2 可见，24 个资源枯竭型城市中，平均转型效率排名前五的城市依次为焦作市、韶关市、黄石市、枣庄市和阜新市。其中，焦作市在 24 家资源枯竭型城市的旅游业推动城市转型效率中表现最佳，年平均效率达到 0.7451。另外，上述五个城市中，阜新市旅游业推动城市转型效率增幅最大，经营效率从 2004 年的 0.3448 增长至 2016 年的 0.8719，增幅达 60%。这主要得益于阜新市进行了战略的调整，积极发展旅游业，加强区域间旅游的合作，强化全域旅游的理念在城市转型发展中的广泛渗透。而旅游业推动城市转型效率较低的资源枯竭型城市依次为乌海市、淮北市、盘锦市、濮阳市和泸州市。

表 5-5　　24 个资源枯竭型城市 2004~2016 年旅游业推动
城市转型效率测度结果一览表

资源类型	序号	城市名称	2004 年	2005 年	2006 年	2007 年	2008 年	2009 年	2010 年
石油	1	盘锦	0.2561	0.2606	0.2986	0.2969	0.2926	0.2650	0.2887
	2	濮阳	0.2141	0.2236	0.2385	0.2388	0.2543	0.2103	0.2525
冶金	3	白银	0.3203	0.3105	0.3208	0.3151	0.3675	0.3164	0.2849
	4	铜陵	0.3300	0.3166	0.3742	0.3706	0.4239	0.3398	0.3582
	5	黄石	0.4344	0.4785	0.5538	0.4997	0.5950	0.5858	0.5718
	6	韶关	0.5454	0.5783	0.6257	0.6458	0.6439	0.6677	0.6876
煤炭	7	七台河	0.3579	0.3521	0.4315	0.4036	0.4048	0.2569	0.3027
	8	鹤岗市	0.3186	0.3110	0.3363	0.3195	0.3298	0.2888	0.3171
	9	双鸭山	0.3792	0.3949	0.4058	0.3818	0.4577	0.3575	0.4844
	10	辽源市	0.2406	0.2616	0.3605	0.3620	0.2591	0.4356	0.4099
	11	阜新市	0.3448	0.4438	0.4954	0.4990	0.3481	0.5310	0.5108
	12	白山市	0.2792	0.2751	0.3209	0.3279	0.2926	0.3161	0.3784
	13	抚顺市	0.3584	0.3883	0.4416	0.4501	0.4119	0.4450	0.4927
	14	乌海市	0.2564	0.2626	0.3169	0.3260	0.2890	0.2799	0.3267
	15	枣庄市	0.4552	0.4390	0.5377	0.4989	0.5652	0.4685	0.4606
	16	铜川市	0.4250	0.4087	0.5075	0.4108	0.4267	0.4300	0.4106
	17	石嘴山	0.3986	0.3718	0.4385	0.4539	0.4272	0.4482	0.4280
	18	焦作	0.5752	0.6167	0.6736	0.6599	0.7247	0.7454	0.6489
	19	淮北	0.2437	0.2408	0.2511	0.2531	0.3234	0.2691	0.2634
	20	萍乡	0.2314	0.2351	0.3218	0.2998	0.2808	0.3136	0.3403
	21	新余	0.2862	0.3062	0.3863	0.4070	0.4855	0.4428	0.4399
其他	22	泸州	0.1874	0.1926	0.2273	0.2232	0.2197	0.1795	0.2084
	23	景德镇	0.3172	0.3219	0.4090	0.4088	0.3717	0.4087	0.4178
	24	伊春	0.2511	0.2173	0.2302	0.2518	0.3586	0.2527	0.2985

资料来源：作者根据相关资料整理。

表 5-6　　24 个资源枯竭型城市 2011~2016 年旅游业推动
城市转型效率测度结果一览表

资源类型	序号	城市名称	2011 年	2012 年	2013 年	2014 年	2015 年	2016 年	平均
石油	1	盘锦	0.2994	0.3134	0.2920	0.3096	0.3276	0.3506	0.2963
	2	濮阳	0.2548	0.2692	0.2596	0.2698	0.2895	0.3064	0.2524
冶金	3	白银	0.2650	0.2547	0.3860	0.4034	0.4075	0.4482	0.3385
	4	铜陵	0.3438	0.3834	0.4442	0.4668	0.5376	0.5801	0.4053
	5	黄石	0.3628	0.3746	0.7928	0.8944	0.8806	0.8770	0.6078
	6	韶关	0.6917	0.7921	0.8142	0.8789	0.9578	0.9999	0.7330
煤炭	7	七台河	0.2901	0.2973	0.4028	0.4593	0.5403	0.6827	0.3986
	8	鹤岗市	0.3177	0.3387	0.3367	0.3326	0.3082	0.4235	0.3291
	9	双鸭山	0.4812	0.4867	0.4384	0.4404	0.4965	0.6777	0.4525
	10	辽源市	0.4145	0.4264	0.2907	0.3659	0.4713	0.5987	0.3767
	11	阜新市	0.4847	0.5125	0.3638	0.4886	0.5735	0.8719	0.4975
	12	白山市	0.4314	0.4212	0.3121	0.2872	0.3490	0.4028	0.3380
	13	抚顺市	0.5797	0.6539	0.4289	0.4701	0.5126	0.6826	0.4858
	14	乌海市	0.3511	0.3789	0.3158	0.3280	0.3460	0.3972	0.3211
	15	枣庄市	0.4357	0.4152	0.6076	0.6089	0.8051	0.9166	0.5549
	16	铜川市	0.3688	0.3327	0.3790	0.4087	0.4529	0.5190	0.4216
	17	石嘴山	0.4833	0.4270	0.4442	0.4255	0.4503	0.5550	0.4424
	18	焦作	0.6988	0.7052	0.7743	0.9041	0.9646	0.9943	0.7451
	19	淮北	0.2490	0.2645	0.3158	0.3632	0.4450	0.4783	0.3046
	20	萍乡	0.3528	0.3775	0.3406	0.3911	0.4073	0.4116	0.3311
	21	新余	0.4470	0.4625	0.4213	0.4605	0.4987	0.5256	0.4284
其他	22	泸州	0.2074	0.2207	0.2293	0.2363	0.2461	0.2798	0.2198
	23	景德镇	0.4241	0.4481	0.4830	0.5076	0.4459	0.4943	0.4198
	24	伊春	0.3062	0.3313	0.4294	0.4909	0.5658	0.8027	0.3682

资料来源：作者根据相关资料整理。

| 旅游业推动资源枯竭型城市转型发展研究

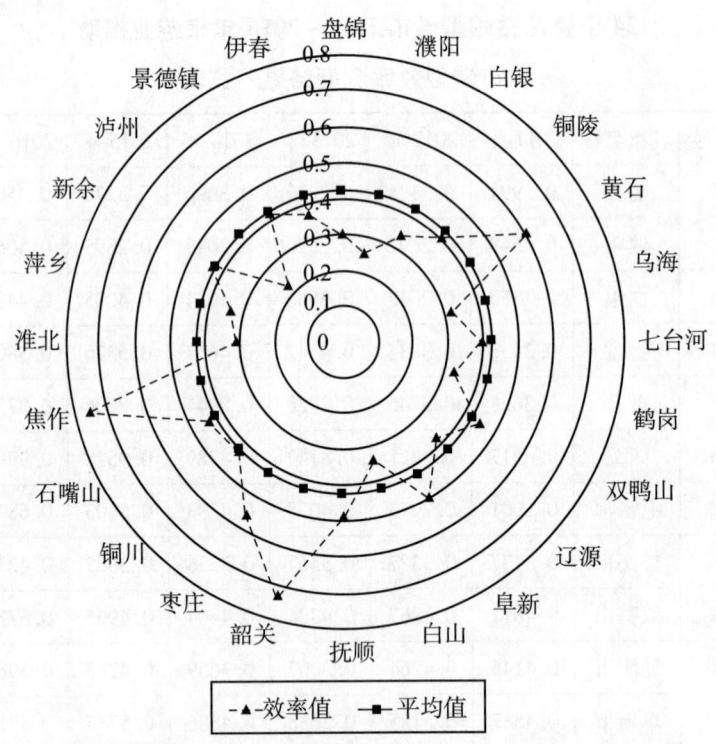

图5-2 旅游业推动资源枯竭型城市转型效率分布雷达图

资料来源：作者根据相关资料绘制。

三、旅游业推动资源枯竭型城市转型效率的个体层面分析

进一步在资源枯竭型城市总体层面分析的基础上，根据转型效率大小和转型效率变化两个维度考察旅游业推动城市转型效率个体层面的差异。旅游业推动资源枯竭型城市转型效率年平均值为0.4195，高于平均值说明转型效率相对较高，反之转型效率相对较低；转型效率变化的年平均值为0.0587，高于平均值表明增速快，反之则表明增速慢。据此将资源枯竭型城市划分为以下四类：强力型（效率高，增速快）、潜力型（效率低，增速快）、乏力型（效率低，增速慢）和稳力型（效率高，增速慢），具体如图5-3所示。

1. 强力型：转型效率水平高且增长快速

旅游业推动转型效率强力型城市有黄石市、枣庄市、阜新市、抚顺市和双鸭山市，共5个资源枯竭型城市。

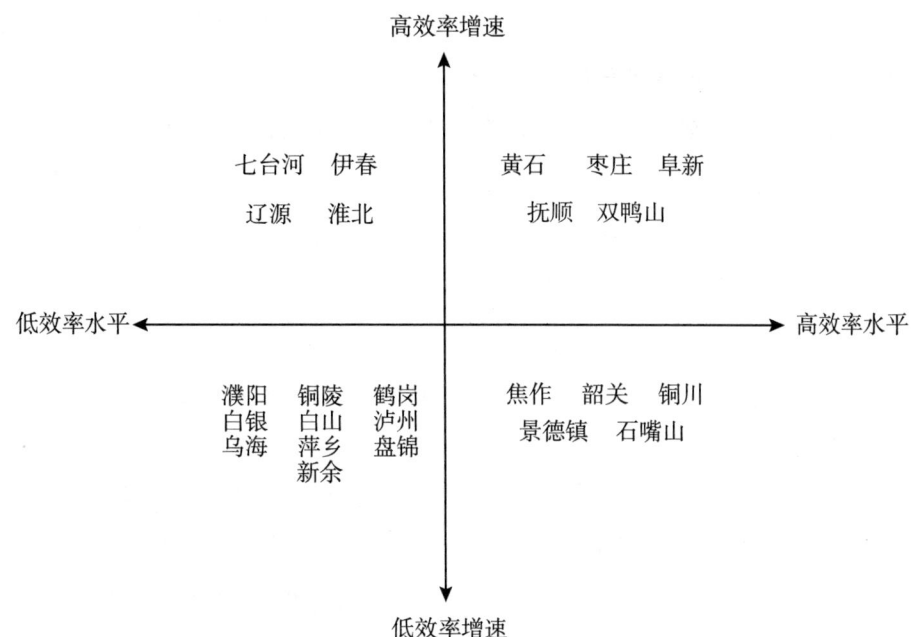

图 5-3 旅游业推动资源枯竭型城市转型效率状态分类图

资料来源：作者根据相关资料绘制。

其中，黄石市一直致力于工业遗产保护与开发，已形成了铜绿山古铜矿遗址、大冶铁矿国家公园、华新水泥厂旧址等工业遗址遗产群。同时，通过举办中国矿冶文化节，打造矿冶文化名城，大力激活城市棕地资源，盘活城市传统旅游资源，重塑城市旅游形象，优化城市软环境，极大地促进了"光灰城市"向绿色城市转型。

枣庄市则通过大力盘活存量旅游资源，重点打造台儿庄古城旅游精品项目，由此带动市内其他旅游项目发展，创新开发旅游新业态，培育转型发展的新动能，进而全面助力枣庄市城市转型，创造了"枣庄神话"，受到各界广泛关注。

阜新市在2008年将城市定位为国际工业遗产旅游之城，依托海州露天矿闭坑后遗留的大量工业遗产资源，建设露天矿国家矿山公园，将废弃的大坑变废为宝，开发工业遗产文化旅游产品，打造文化价值高地和文化旅游的新名片，促进资源枯竭型城市转型，逐步打造阜新太平区文化旅游集聚区。海州露天矿国家矿山公园已被命名为全国首家工业遗产旅游示范区。

此外，抚顺市和双鸭山市则充分借力国家振兴东北的政策东风，深度挖掘城市工业遗产旅游资源，积极包装城市传统旅游资源，加强与周边城市的区域旅游合作，实现了旅游业的快速发展，大大加快了城市转型的步伐。

2. 潜力型：转型效率水平低但增长渐快

旅游业推动转型效率潜力型城市有4个，包括七台河市、伊春市、辽源市和淮北市。这类城市的经营效率偏低但处于高增速状态，具备良好的转型潜力。

其中，伊春市作为典型的森工资源型城市经历了"因林而生，因林而兴，因林而衰，因林而转"的发展进程。2014年，以大小兴安岭为主的黑龙江重点国有林区全面停止天然林商业性采伐，在面临转型发展的选择上，伊春市充分依托森林旅游资源，探索绿色转型之路。伊春市经济发展的依托资源没有变，都是森林资源，但是发展视角发生了改变，通过"卖木材"转变为"卖环境"。特别是在习近平总书记的"绿水青山就是金山银山"的"两山理论"以及"冰天雪地也是金山银山"的重要论断的指引下，绿色生态旅游和冰雪旅游恰逢其时，市场需求旺盛，发展势头良好，因此其旅游业促进城市转型的效率增长较快。

七台河市深入挖掘"短道速滑"冰雪体育项目优势，一方面优化升级餐饮酒店、交通运输、文化健身、休闲游乐、养老养生等传统服务业。另一方面聚焦互联网经济、生态旅游、冰雪经济，开辟新的经济增长点。特别是深入挖掘冰雪旅游资源，创新冰雪旅游产品，壮大冰雪旅游产业。同时，加快文、体、旅的融合发展，积极融合冰雪体育与文化旅游，将七台河市打造成世界短道速滑圣地，大力发展赛事经济和冰雪旅游经济，从而加快了七台河市经济社会全面转型。

淮北市是典型的煤炭型资源枯竭型城市，在城市转型过程中，淮北市一方面通过治理采煤塌陷区形成的南湖、中湖、东湖等湖泊生态环境，还绿于民，打造特色城市水景观，营造城市旅游环境；一方面，积极发展全域旅游，整合现代工业旅游、自然生态旅游、工业遗产旅游和石榴文化旅游节食活动等多样旅游业态，创新淮北市的旅游产品，大力推动淮北城市转型，目前，淮北市相山区、烈山区入选国家全域旅游示范区创建名单，"一带双城三青山、六湖九河十八湾"城市生态空间格局已形成，旅游促进城市转型的效率不断提高。

辽源市也是以产煤为主的资源枯竭型城市，随着矿竭城衰，辽源积极调整发展战略，高度重视旅游产业发展，通过构建集城市时尚旅游、生态乡村旅游、文化风情旅游和工业旅游于一体的城市旅游产品体系，积极开发符合不同市场需求的多类型多特色的旅游线路,创新升级旅游服务功能,以此促进城市转型升级。

3. 稳力型:转型效率水平高但增长趋缓

旅游业推动转型效率稳力型城市有 5 个,包括焦作市、韶关市、铜川市、景德镇市和石嘴山市。这类城市的经营效率高但增速缓慢,呈现出稳定的发展态势。

其中,因煤兴业、因矿设市的铜川市不仅有大量的工业遗产旅游资源,还有深厚的医药养生旅游资源和丰富的红色旅游资源。如铜川药王山是唐代著名医学家孙思邈隐居之处,铜川市照金地区是习仲勋、刘志丹和谢子长等老一辈无产阶级革命家于 20 世纪 30 年代初领导陕甘边人民开展革命斗争的主要根据地,为党中央和中央红军提供了长征的落脚点和中国人民抗日战争的出发点,为中国革命实现历史性转折做出了巨大贡献。铜川市利用这些丰富独特的自然人文旅游资源,较早地开始发展旅游业,促进城市转型发展。特别是近年来,铜川市将"以旅促转、以转兴城"为转型发展的重要路径,大力"发展全域旅游、建设全景铜川"战略,持续投入资金在央视等主流媒体上宣传铜川市旅游形象,创新红色旅游产品,塑造多个特色节庆旅游品牌,积极建设西部传统产业转型升级示范市,旅游业发展空间不断拓展,旅游业的影响力不断提升。

韶关市近年来通过大力发展现代服务业和旅游经济,围绕世界级旅游资源丹霞山大做旅游文章,极大地促进了韶关市这个粤北工业重镇实现经济社会全面转型。但随着旅游目的地进入成熟期,旅游业转型效率的边际效递减,在优质旅游发展的背景下,韶关市应重视旅游业市场的供给侧改革,丰富旅游产品结构,整合不同类型的旅游资源,创新旅游产品形式和内涵,拓展客源市场,增强旅游业发展的持续动力,扩大旅游经济的溢出效应,进一步促进韶关市转型发展。

景德镇市以培育新动能和打造新的经济增长点为契机,充分利用景德镇丰富的陶瓷文化资源和陶瓷工业文化遗址资源,通过活化、提升和改造等方式进行文化创意设计和旅游开发,打造促进资源枯竭型城市转型的发展引擎。目前,景德镇市的名坊园、皇窑创意基地、三宝瓷谷等为代表的文化创意产业园区和跨业态融合的现代服务业文化综合体已经成为下岗职工、大学生创客和"景漂"匠人的创业兴业之地,也是市民、游客参与体验的文化旅游目的地,重塑了世界瓷都新形象，实现了景德镇市千年瓷的完美蜕变。

石嘴山市市政府高度重视旅游业在资源枯竭型城市转型中的重要推动作用，把旅游业作为转型发展的突破口和经济可持续发展的新增长点。通过与市内三家大型旅游相关企业集团进行战略性合作，共同开发石嘴山工业遗产等特色旅游资源，其"四方合作模式"以政府为主导，实行市场化原则，由石嘴山市人民政府提供土地、财税、金融等方面的政策扶持，企业在项目的开发建设和运营管理过程中搭建和提供全方位的投融资平台，特色旅游项目建设成效显著，"塞上煤城"的脏乱差形象焕然一新。特别是自2017年以来，石嘴山市大力发展全域旅游，出台《石嘴山市促进旅游业发展奖励办法（试行）》等举措，旅游业获得较快地发展，城市转型效率水平较高。

焦作市自2000年就开始探索旅游业促进城市转型的发展道路，"焦作现象"已经成为资源枯竭型城市成功转型的样板，被写入高中地理教科书，且"太极故里、山水焦作"的城市旅游形象经过多年的塑造和经营已获得国内外旅游市场的高度认可。蓬勃发展的焦作市旅游业有力地促进了城市转型发展，优化了产业结构，改善了城市生态环境和吸纳了大量下岗职工再就业，旅游业促进了城市高效率转型。

4. 乏力型：转型效率水平低且增长缓慢

旅游业推动转型效率乏力型城市有10个，包括濮阳市、铜陵市、鹤岗市、白银市、白山市、泸州市、乌海市、萍乡市、盘锦市和新余市。转型效率水平低且增长速度慢。这些城市的旅游业发展起步较晚，发展基础较为薄弱，对城市转型发展的贡献有限。但可以看到近年来，这些乏力型城市通过发展全域旅游，不仅活化和激活境内丰富的老工厂、老工业和老厂房等工业遗产资源，还着力盘活市内拥有的传统旅游资源。

例如，萍乡市把发展旅游产业作为推进城市转型、打造消费型城市的主抓手，把景区放在和园区、城区三区共同推进的战略地位，并提出打造武功山、安源"双5A"工程，建设旅游强市，打造"中四角"等区域休闲后花园等作为发展目标。2019年1月，萍乡市发布了《萍乡市全域旅游发展规划纲要（2018～2022年）》，强调将发展全域旅游纳入全市经济社会发展战略，进行统一规划布局、综合统筹管理、整体营销推广，实现区域资源有机整合、产业融合发展、社会共建共享，促进和带动萍乡市经济社会转型升级。

再如，2018年，乌海市一方面通过全面实施"旅游+"战略，打造一批新型主题景区和旅游综合体，不断丰富旅游产品，拓展旅游市场；另一方面全面实施"+旅游"战略，推动工业、农业和服务业与旅游业深度融合，培育旅游新业态，构建全新旅游产品供给体系，完善旅游公共服务体系，推动旅游业全面协调可持续发展，加快资源型城市转型步伐。

第三节　影响因素分析

一、市内交通对转型效率的影响分析

表5-4技术无效函数中市内交通水平的一次项参数估计值为-1.3864，二次项参数估计值为0.8454，且均在1%的水平上通过了显著性检验。这表明市内交通对旅游业推动城市转型效率的影响并非是单调线性的，而是存在先增后减的倒"U"形非线性关系，具有库兹涅茨曲线特征，不难算出其拐点值为0.7782。当市内交通水平低于0.7782时，旅游业推动城市转型效率会随着市内交通条件的改善而提升，但市内交通水平跨越拐点值后，持续完善的市内交通条件反而会抑制旅游转型效率的提高。

2004~2016年期间24个资源枯竭型城市市内交通水平的平均值分别为0.4078（2004年）、0.4263（2005年）、0.7529（2006年）、07581（2007年）、0.7621（2008年）、0.7785（2009年）、0.7976（2010年）、0.8499（2011年）、0.8741（2012年）、0.9205（2013年）、0.9372（2014年）、0.9548（2015年）和1.0023（2016年）。一方面可以发现资源枯竭型城市市内交通条件在总体上不断优化，另一方面也可以发现近几年来资源枯竭型城市市内交通水平的平均值都高于拐点值（0.7782），表明城市市内交通水平处于倒"U"形曲线的右半边，即日益完善的市内交通体系抑制了旅游业推动城市转型效率。在市内交通

通达性显著提高的情况下，必将缩短游客在旅途过程中所耗费的时间，致使大部分中短途游游客在旅行结束后选择当天往返，游客的"过夜游"需求大幅减少。夜间旅游产品是旅游业发展的重要组成部分，几乎涵盖了"吃、住、行、游、购、娱"六大完整的旅游产业链要素，尤其对拉动住宿、餐饮、娱乐等旅游消费有着重要作用。因此"过夜游"需求的下降无疑会削弱夜间旅游产品消费对当地经济的带动作用，进而抑制了旅游业推动城市转型效率。但要特别指出的是，我们并不是否认发展市内交通网络的重要性，而是提出在着力提升市内交通水平的同时，资源枯竭型城市应进一步丰富旅游产品结构，实现单一的观光游向多元旅游业态的产品转型升级，大力发展城市夜游经济和打造夜游产品，创新旅游演艺产品，进而延长游客逗留时间，刺激旅游消费，提升旅游转型效率。

二、对外交通对转型效率的影响分析

从表 5-4 的估计结果可以看出，对外交通水平估计系数为 -1.0273，表明对旅游业推动城市转型效率有显著的正向影响。对外交通水平高的城市在旅游业推动城市转型效率提升上具有明显优势。城市高铁动车线路的开通，一方面大大压缩了资源枯竭型城市与其主要客源地之间的时空距离，提高了区域旅游通达程度。区域可达性的显著提升实现了游客量大幅增长，由此引致的劳动力需求为当地居民提供了大量就业机会，从而提升了旅游业推动城市转型效率。另一方面，高铁加快了资源要素在城市间的流动，降低了旅游产业发展的要素投入成本，进而有利于旅游业推动城市转型效率提升。因此，资源枯竭型城市应充分发挥对外交通水平持续改善的利好，不断拓展客源市场，壮大城市旅游产业发展的客源基础，同时还要加强与旅游要素供给方的合作关系，提高资源配置效率，降低运营成本，提升旅游业推动城市转型效率。

三、旅游专业化对转型效率影响分析

表 5-4 技术无效函数的估计结果显示，旅游专业化的一次项系数估计值为

-0.3365，且在1%的水平下显著。旅游专业化对旅游业推动城市转型效率的正向影响主要表现在两方面：一是旅游业的发展带来了旅游客流，促进了游客在当地的消费，增加了资源枯竭型城市旅游业收入，促进了地方经济发展，提升效率水平；二是随着旅游专业化水平的提高，旅游业"一业兴，百业旺"的综合带动效应显著增强，这既可有效扩大消费，又能为城市居民创造大量就业机会，促进旅游业推动城市转型效率提升。

旅游专业化的二次项估计系数为0.6310，且在5%的水平下显著。该结果进一步支持了前述理论分析，意味着当旅游专业化水平超过门槛值时，旅游发展规模的不断扩大反而会抑制旅游业推动城市转型效率提升。随着旅游发展水平的不断提高，地方旅游产业日臻成熟，旅游市场需求出现新变化、新要求，为了积极应对产业发展的新趋势，增强综合竞争力，旅游企业必然会在一定程度上抬高对劳动力的雇佣门槛，使受教育程度低的下岗职工的就业机会被挤占，阻断了下岗职工通过就业于旅游企业而持续获得收入的路径，导致效率降低。进言之，旅游业发展的"挤出效应"会制约其他产业发展，加剧地方资源配置的不合理性，使得知识创新等部门因得不到有效投入而产生内生发展动力不足等问题，导致城市经济增长乏力，最终反而会抑制旅游业推动资源枯竭型城市转型效率的提升。

四、政府支出对转型效率的影响分析

表5-4结果显示政府支出参数的估计值为-2.2516，且在1%的水平下显著，表明其对旅游业推动城市转型效率具有显著的正向促进作用。旅游发展一方面具有强外部性，诸如旅游形象宣传、旅游产品营销等具有类公共产品特点，需要政府承担城市旅游发展的重任；另一方面旅游业要想得到快速发展，需要政府各职能部门的联动配合，只有在当地政府的主导下，旅游产业发展所需的各要素之间才能形成有效配合，发挥最大效力。政府支出增加意味着政府部门扩大公共基础设施和服务设施的投入，这些都是旅游业得以快速发展的重要保障。因此，政府支出对旅游业推动资源枯竭型城市转型效率的提升具有促进作用。

五、教育水平对转型效率的影响分析

表 5-4 结果显示教育水平参数的估计值为 -0.9236，且在 5% 的水平下显著，表明城市居民教育水平对旅游业推动城市转型效率具有显著的正向促进作用。旅游人才是促进旅游业高效发展的有利条件，在旅游业推动资源枯竭型城市转型过程中，教育水平高的城市往往拥有较高素质的劳动力资源，能够有力地提升旅游服务水平，促进旅游业高效发展，进而提升了旅游业推动城市转型效率。由此可见，资源枯竭型城市应重视教育投入，特别是要加大对旅游人才的培养，增强城市旅游发展的内生动力，促进旅游产业与其关联产业的深度融合，增强旅游业推动资源枯竭型城市转型发展的原动力。

本 章 小 结

本章运用 SFA 方法对 24 个资源枯竭型城市的旅游业推动城市转型效率进行综合评价。研究结果发现，旅游业推动资源枯竭型城市转型效率呈现上升趋势，但总体水平不高，还存在较大改进空间。从投入要素的估计结果来看，资本要素和劳动要素的产出弹性值均为正，劳动的产出弹性值大于资本的产出弹性值。说明旅游资产和旅游人力资源是旅游业推动资源枯竭型城市转型的动力来源，且旅游劳动要素的作用更为明显。换言之，在城市转型过程中，要注重旅游项目的扩张和硬件设施的升级，也要重视旅游服务人才数量和质量的双提高，有效发挥资本要素和劳动要素在旅游业推动资源枯竭型城市转型中的重要促进作用。在技术无效函数中，旅游业推动城市转型效率的主要影响因素具体表现为：

（1）市内交通对旅游业推动城市转型效率的影响具有倒"U"形的非线性影响作用关系。随着市内交通状况的改善，会降低游客的"过夜游"概率，阻断居民通过提供住宿、餐饮等服务实现增收的渠道，进而抑制了旅游业推动城市转型效率。

（2）对外交通是促进旅游业推动城市转型效率提升的重要推动力量。高铁和动车的开通将大大压缩旅游客源地与旅游目的地之间的时空距离，提高区域可达性。同时加快资源要素在地区间的集聚，降低运输成本，提升旅游业推动城市转型效率。

（3）旅游专业化对旅游业推动城市转型的效率的影响呈现倒"U"形的非线性变化特征。当旅游发展达到一定水平后，在当地的产业发展中逐渐占据主导地位，会对其他产业形成"挤出效应"，加剧地方资源配置的不合理性，使得知识创新等部门因得不到有效的投入而产生内生发展动力不足等问题，导致城市经济的增长乏力，最终反而会抑制旅游业推动城市转型效率的提升。

（4）教育水平是旅游业推动资源枯竭型城市转型效率提升的重要因素。

第六章
旅游业推动资源枯竭型城市转型效果的实证检验

本章利用面板门槛模型实证检验旅游业推动资源枯竭型城市转型的效果，包括转型的经济效应、社会效应和环境效应，并分析了旅游业推动资源枯竭型城市转型存在的门槛效应，明确不同旅游发展水平下转型效果差异的影响机制和效应，为探讨旅游业促进资源枯竭型城市转型与高质量发展的创新措施和实现路径提供量化分析依据。

第一节 实证研究设计

一、模型设定

为了实证检验旅游业推动资源枯竭型城市转型的非线性影响效应。借鉴汉森（1999）的经典面板门槛模型，构造如下更一般化的多重门槛面板模型。

$$Y_{it} = \mu_i + \beta_1 Tour_{it} I(Tour_{it} \leq \gamma_1) + \beta_2 Tour_{it} I(\gamma_1 < Tour_{it} \leq \gamma_2) + \cdots + \beta_n Tour_{it} I(\gamma_{n-1} < Tour_{it} \leq \gamma_n) + \beta_{n+1} Tour_{it} I(Tour_{it} > \gamma_n) + \delta X_{it} + \varepsilon_{it}$$

(6.1)

其中，下标 i 和 t 分别对应不同的观测个体和年份；Y_{it} 代表旅游业推动资源枯竭型城市转型的效果，具体包括经济、社会和环境三个方面；$Tour_{it}$ 表示旅游发展水平，既是核心解释变量，也是门槛变量；$\gamma_1, \gamma_2, \cdots, \gamma_{n-1}, \gamma_n$ 为特定门槛值；n 个门槛值表示有 n+1 个门槛区间；$I(\cdot)$ 为示性函数，若门槛变量满足条件，则取值为 1，否则为 0；X_{it} 为相关控制变量，包括全社会固定资产投资水平（PHY）、教育水平（EDU）、产业结构（IND）、交通便利程度（TRA）、金融发展水平（FS）、政府规模（GOV）；μ_i 和 ε_{it} 分别表示个体非观测效应和随机误差项，并假定 $\varepsilon_{it} \sim N(0, \sigma^2)$。

二、变量说明

1. 被解释变量

本章分别从经济转型效应、社会转型效应和环境转型效应三个方面探讨旅游业推动资源枯竭型城市转型的效果,故被解释变量分别为经济增长水平（PGDP）、第三产业就业水平（TIE）和空气污染程度（APD）。其中,有关经济增长的测度指标比较常用的有GDP总量和人均GDP。由于地方生产总值总量与区域人口规模紧密相关,不能客观准确地反映社会经济发展的均衡程度,而人均GDP可以消除人口数量对经济增长的影响（衣传华,2017）,一定程度上弥补GDP总量在测度地方经济发展水平上的不足。因此,本书采用人均GDP表征地方经济发展水平,记为PGDP；第三产业就业水平用城市第三产业人数衡量,记为TIE；空气污染程度用城市二氧化硫排放量来表征,记为APD。

2. 核心解释变量及门槛变量

核心解释变量为旅游业水平Tour。参考维塔（Vita）和基奥（Kyaw）（2016）、张大鹏（2018）的研究,本章利用旅游专业化（TS）指标衡量旅游业水平,具体计算公式为：TS = 旅游总收入/GDP。其中旅游专业化的值越大,表明旅游收入在地方经济总量的占比越大,旅游业水平越高。同时借鉴（赵磊和王佳,2015）的做法,将旅游人次比作为旅游专业化的另一代理变量,用于稳健性检验,具体计算公式为：旅游人次比 = 旅游总人次/年末总人口。

本章着重考察旅游业发展的不同水平对资源枯竭型城市转型的非线性作用关系,检验旅游业发展的不同阶段对应资源枯竭型城市转型的门槛效应。因此,本章同时将旅游业发展水平Tour设定为门槛变量。

3. 控制变量

参考既有文献,引入相关控制变量,尽可能避免因遗漏变量而产生内生性问题。具体控制变量如下：

（1）固定资产投资水平（PHY）。大量研究表明固定资产投资水平的提升将显著促进城市经济增长,并采用全社会固定资产投资总额占GDP比重进行衡量。

（2）教育水平（EDU）。采用资源枯竭型城市在校中学生人数进行表征。

（3）产业结构（IND）。采用第一产业和第二产业增加值占GDP的比重表征产业结构。

（4）交通便利程度（TRA）。采用虚拟变量,将资源枯竭型城市高铁通车年份及之后年份均取值为1,其余为0。

(5) 金融发展水平（FS）。已有大量实证研究证实金融发展对经济增长具有重要影响，尽管不同的实证研究结论不一致甚至相反（彭俞超等，2017；田卫民，2017），但足以说明的是，金融发展能够通过不同机制对经济增长产生或正或反的作用。故而将其作为影响经济增长的一个重要控制变量引入模型，采用金融机构存贷款余额与 GDP 的比值进行表示。

(6) 政府规模（GOV）。政府规模反映了地方政府对经济的干预程度，采用政府财政支出占 GDP 的比重作为政府规模的衡量指标。

三、数据来源

考虑到数据的可得性和一致性，现基于中国 24 个资源枯竭型城市 2004～2016 年的面板数据分析。关于数据的来源和处理，说明如下：

(1) 原始数据分别来源于资源枯竭型城市历年的国民经济与社会发展统计公报、政府工作报告、所属省的统计年鉴；

(2) 部分缺失值采取线性插值法补齐；

(3) 旅游总收入包括国内旅游收入和国际旅游收入，国际旅游收入按照当年人民币兑换美元的平均汇率换算成人民币计算；

(4) 为减缓量纲和异方差的影响，本书在实证分析中对相关变量进行了对数化处理。

第二节　旅游业推动资源枯竭型城市转型的经济效应分析

一、经济效应的门槛效应检验

首先，借鉴汉森的研究思路，对模型的门槛效应进行检验。以旅游专业化为门槛变量,经济发展水平为被解释变量,依次对模型中存在单一门槛、双重门槛和三重门槛的原假设进行检验,从而得到相应的 F 统计量,并采用 Bootstrap 方法重复抽样 300 次获得的 P 值估计结果,如表 6-1 所示。结果显示,资源枯竭型城市旅游经济产出的单一门槛效应、双重门槛效应、三重门槛效应分别在 5%、1% 和 10% 的显著性水平下显著。

表 6-1　　　　　　　　　　门槛效应自抽样检验结果

模型	F 值	P 值	BS 次数	临界值 1%	临界值 5%	临界值 10%
单一门槛	10.110**	0.050	300	17.691	10.204	6.907
双重门槛	8.970***	0.003	300	7.359	3.744	2.517
三重门槛	4.249*	0.077	300	6.604	5.029	3.937

注:P 值为采用 Bootstrap 方法重复抽样 300 次得到的结果;*、**、*** 分别表示在 10%、5% 和 1% 的显著性水平下显著。

其次,对三个门槛值进行识别和检验,表 6-2 报告了门槛的估计值及其对应的 95% 置信区间。可以看出,当以经济发展水平作为被解释变量时,三个门槛值均落在对应的 95% 置信区间内,由此可以进一步认为模型估计存在三重门槛效应,三个门槛估计值分别为 0.019、0.026 和 0.031。

表 6-2　　　　　　　　门槛估计结果及其 95% 置信区间

门槛	估计值	95% 置信区间
第一门槛	0.019	[0.019, 0.181]
第二门槛	0.026	[0.024, 0.034]
第三门槛	0.031	[0.004, 0.245]

最后,考察旅游发展水平处于不同门槛区间对经济效益的异质性作用。此外,为了对比整体旅游的发展水平与不同门槛区间内旅游发展水平对经济增长的影响效应,本节同时还采用了混合 OLS 模型、包含 TS 一次项以及包含 TS 一

次项和二次项的固定效应模型进行估计，结果见表6-3。

表6-3　　　　　　　　经济效应的模型估计结果

变量	混合OLS模型 (1)	固定效应模型 (2)	固定效应模型 (3)	门槛回归模型 (4)
TS	-0.129***	-0.181	-0.345	
TS²			0.431	
TS≤0.019				4.202***
0.019<TS≤0.026				1.429**
0.026<TS≤0.031				0.810
TS>0.031				-0.213***
PHY	0.031**	0.042*	0.045*	0.040**
EDU	0.527***	1.000***	0.953***	0.759***
IND	0.050	0.168*	0.166*	0.183***
TRA	-0.047***	-0.074***	-0.072***	-0.060***
FS	-0.036***	-0.029*	-0.029*	-0.024**
GOV	-0.155**	-0.089	-0.072	-0.062
cons	0.176***	0.082	0.087	0.057
R²	0.354	0.442	0.444	0.482
样本数	312	312	312	312
时期	13	13	13	13
截面数	24	24	24	24

注：*、**、*** 分别表示在10%、5%和1%的显著性水平下显著。

二、经济效应的估计结果分析

根据表6-3中的估计结果，模型（1）和模型（4）中旅游发展对资源枯竭型城市转型的经济效应在不同显著性水平下均显著，模型（2）和模型（3）则不显著。从参数估计的系数结果来看，模型（1）和模型（2）的估计系数明显低于模型（3）和模型（4），存在低估问题。同时，模型（3）中旅游专业化的一次项为负，二次项系数为正，表明旅游业对资源枯竭型城市转型的经济效应存在非线性特征，印证了本节利用门槛模型进行估计是合理且适宜的。此外，依据各模型的拟合系数 R^2，模型（4）的拟合系数值最大，表明其拟合优度最好，利用包含三重门槛值的解释变量对因变量的解释力度最大，能够较好地反映旅游业对资源枯竭型城市转型的经济影响效应的门槛特征。下面就模型（4）展开分析。

总体来看，随着旅游发展水平的阶段性提升，旅游业对资源枯竭型城市转型的经济效应存在先增后减的倒 U 形非线性作用。具体而言：当旅游发展水平低于门槛值 0.019 时，旅游发展对经济增长具有显著的正向影响，影响系数为 4.202，表明旅游发展水平每增加 1 个单位，旅游业促进经济增长的边际效应为 4.2 个单位；当旅游发展水平处于门槛区间 0.019~0.026 时，旅游发展对经济增长的边际贡献下降至 1.4 个单位；当旅游发展水平进入门槛区间 0.026~0.031 时，旅游发展的经济影响效应并不显著，但影响系数依然为正；当旅游发展水平跨越门槛值 0.031 时，旅游发展对经济增长的影响系数显著为负，表明日益提升的旅游发展水平开始抑制了资源枯竭型城市转型的经济效应的发挥。旅游发展对经济增长的边际效应逐渐下降，这意味着伴随旅游专业化水平的提高，旅游发展对经济增长的影响作用逐渐减小，甚至由正效应逐步转为负效应。主要原因在于资源枯竭型城市面临的"矿竭城衰"、工业生产的难以为继、经济发展的后劲不足。在此现实背景下，资源枯竭型城市凭借其独特的工业遗产资源及其他传统旅游资源，转向发展旅游业。这不仅能够缓解工业主导产业衰落引起的失业率上升问题，而且能够创收外汇、拉动投资、刺激消费、提高税收等，这些都是促进经济增长的重要表现形式。但是，随着旅游专业化的深度发展，旅游业的预期收益不断增加。遵循效益优先原则，劳动、资本等生产要素会集中转移到旅游产业发展中，导致其他产业发展的要素成本上升，产业发展滞后，进而可能产生新的"荷兰病"问题，最终反而会对资源枯竭型城市经济发展产生负面影响。因此，资源枯竭型城市在经济转型过程中，如何协调好旅游业和其他产业部门的发展关系是一个重要的议题。

第三节 旅游业推动资源枯竭型城市转型的社会效应分析

一、社会效应的门槛效应检验

借鉴汉森的研究思路,首先对模型的门槛效应进行检验。以旅游专业化为门槛变量,第三产业从业人数为被解释变量,依次在单一门槛、双重门槛和三重门槛的原假设下对模型进行估计,进而得到 F 统计量和采用 Bootstrap 方法获得的 P 值,如表 6-4 所示。结果显示,旅游社会产出的单一门槛效应在 10% 的显著性水平下显著,双重门槛效应在 5% 的显著性水平下显著,三重门槛效应则未通过常用显著性水平检验。

表 6-4　　　　　　　　门槛效应自抽样检验结果

模型	F 值	P 值	BS 次数	临界值 1%	临界值 5%	临界值 10%
单一门槛	7.571*	0.087	300	18.976	11.540	7.047
双重门槛	9.254**	0.050	300	25.243	9.094	6.755

注:P 值为采用 Bootstrap 方法重复抽样 300 次得到的结果;*、**、*** 分别表示在 10%、5% 和 1% 的显著性水平下显著。

进一步地,对双重门槛值进行识别和检验,结果如表 6-5 所示。可以看出,当以旅游从业人数作为被解释变量时,两个门槛值均落在对应的 95% 置信区间内。由此可以进一步认为模型估计存在双重门槛效应,两个门槛估计值分别为 0.024 和 0.052。

表 6-5　　　　　　　门槛估计结果及其 95% 置信区间

门槛	估计值	95% 置信区间
第一门槛	0.024	[0.011, 0.092]
第二门槛	0.052	[0.047, 0.084]

最后，考察旅游发展水平处于不同门槛区间对社会效益的作用。此外，为了对比整体的旅游发展水平与不同门槛区间内的旅游发展水平对社会效益的影响效应，本节同时还采用了混合 OLS 模型、包含 TS 一次项以及包含 TS 一次项和二次项的固定效应模型进行估计，结果见表 6-6。

表 6-6　　　　　　　　　　社会效应的模型估计结果

变量	混合 OLS 模型	固定效应模型		门槛回归模型
	(1)	(2)	(3)	(4)
TS	2.270***	1.133***	1.712*	
TS^2			-1.520	
TS ≤ 0.024				-8.417***
0.024 < TS ≤ 0.052				-1.430
TS > 0.052				1.049***
PHY	-0.194	0.052	0.043	0.046
EDU	3.878***	-1.488	-1.325	-0.509
IND	-2.170***	-0.016	-0.012	0.020
TRA	0.470***	-0.075	-0.083	-0.081
FS	-0.199***	-0.026	-0.027	-0.019
GOV	-1.652***	0.316	0.256	0.243
cons	3.247***	2.089***	2.073***	2.073***
R^2	0.428	0.147	0.149	0.191
样本数	312	312	312	312
时期	13	13	13	13
截面数	24	24	24	24

注：*、**、*** 分别表示在 10%、5% 和 1% 的显著性水平下显著。

二、社会效应的估计结果分析

根据模型估计结果，模型（2）~模型（4）的各参数估计的系数大小和方向基本一致，具有稳健性。模型（3）中旅游专业化的一次项为正，二次项系数为负，表明旅游业对资源枯竭型城市转型的社会效应存在非线性特征，印证了本节利用门槛模型进行估计是合理且适宜的。此外，依据模型（2）~模型（4）的拟合系数，模型（4）的 R^2 值最大，表明其拟合优度最好，利用包含双重门槛值的解释变量对因变量的解释力度最大，能够较好地反映旅游业对资源枯竭型城市转型的社会效应的门槛特征。对模型（4）展开分析。

从模型（4）的估计结果来看，旅游发展水平在不同门槛区间对资源枯竭型城市转型的社会效应表征出先减后增的正 U 形关系。具体来看，当旅游发展水平低于 0.024，旅游发展水平每增加 0.01，即旅游业占 GDP 比值每提高 1 个百分点，旅游业对资源枯竭型城市转型的边际社会效应为 -8.42%；当旅游发展水平处于 0.024~0.052 区间时，旅游社会效应的边际贡献为 -1.43%；当旅游发展水平高于门槛值 0.052 时，旅游社会效应的边际影响为 1.05%。

旅游社会效应的边际作用由负转正，意味着伴随旅游专业化水平的提高，旅游发展对资源枯竭型城市转型的社会效应的正向影响开始显现。这主要是因为旅游产业发展对就业的拉动具有滞后效应，在旅游业发展的初期，基于有限的产业规模，旅游发展对就业的促进作用不足。而随着旅游发展水平的不断提高，旅游产业日臻成熟，并带动了大量关联产业的发展，能够广泛吸纳就业，最大限度地促进社会效应的发挥，进而使社会发展的成果惠及广大人民群众。然而与资源枯竭型城市经济转型的发展轨迹进行对比发现，经济转型与社会转型已经开始出现了错位，这说明两者还缺乏良性互动，需要引起重视。经济发展的出发点和落脚点是社会发展，若是盲目追求经济发展，忽视了人民群众在其中的获得感和参与感，将造成政府和企业在改善民生活动中的缺位，进而会引致经济发展原动力的缺失，最终反而不利于经济发展。社会发展需要经济发展作为保障，随着旅游业在国民经济中的地位逐步攀升，其社会效应日益增强，但与之不匹配的是，旅游业的经济效应势头却开始减弱，进而使社会发展缺乏经济发展的重要支撑而难以为继，最终也会有损社会发展。因此，经济发展与社会发展是一个有机互动的整体，资源枯竭型城市转型过程中如何兼顾旅游业发展的经济效应和社会效应，实现经济与社会的协调发展，是需要重点探讨的问题。

第四节 旅游业推动资源枯竭型城市转型的环境效应分析

一、环境效应的门槛效应检验

根据汉森的研究思路，首先检验模型的门槛效应。以旅游专业化为门槛变量，空气污染程度为被解释变量，依次对模型中存在单一门槛、双重门槛和三重门槛的原假设进行检验，从而得到相应的F统计量和采用Bootstrap方法获得的P值，如表6-7所示。结果显示，旅游环境产出的单一门槛效应在5%的显著性水平下显著，双重门槛效应在10%的显著性水平下显著，三重门槛效应则未通过水平为10%的显著性检验。

表6-7　　　　　　　　门槛效应自抽样检验结果

模型	F值	P值	BS次数	临界值 1%	临界值 5%	临界值 10%
单一门槛	18.055**	0.030	300	25.456	12.913	9.065
双重门槛	6.198*	0.073	300	16.876	7.326	5.529

注：P值为采用Bootstrap方法重复抽样300次得到的结果；*、**、***分别表示在10%、5%和1%的显著性水平下显著。

其次，对双重门槛值进行识别和检验，结果如表6-8所示。可以看出，当以空气污染程度作为被解释变量时，两个门槛值均落在对应的95%置信区间内，由此可以进一步认为，模型估计存在双重门槛效应，两个门槛估计值分别为0.063和0.092。

表6-8　　　　　　　　门槛估计结果及其95%置信区间

门槛	估计值	95%置信区间
第一门槛	0.063	[0.004, 0.245]
第二门槛	0.092	[0.057, 0.125]

最后，考察旅游发展水平处于不同门槛区间对环境效益的异质性作用。此外，为了对比整体旅游发展水平与不同门槛区间内旅游发展的水平对环境效益的影响效应，本节同时还采用了混合OLS模型、包含TS一次项以及包含TS一次项和二次项的固定效应模型进行估计，结果见表6-9。

表6-9　　　　　　　　环境效应的模型估计结果

变量	混合OLS模型 (1)	固定效应模型 (2)	固定效应模型 (3)	门槛回归模型 (4)
TS	0.198	-1.377	-0.572	
TS^2			-2.111	
$TS \leq 0.063$				-9.110***
$0.063 < TS \leq 0.092$				-5.822***
$TS > 0.092$				-2.597***
PHY	0.026	-0.215	-0.227	-0.280**
EDU	8.490***	5.947***	6.174**	5.393**
IND	1.551***	0.239	0.244	0.357
TRA	0.054	-0.009	-0.020	0.022
FS	0.177	-0.458***	-0.460***	-0.417***
GOV	-1.957**	2.495**	2.412**	2.085***

续表

变量	混合 OLS 模型	固定效应模型		门槛回归模型
	(1)	(2)	(3)	(4)
cons	9.187***	10.736***	10.714***	10.840***
R^2	0.162	0.191	0.191	0.250
样本数	312	312	312	312
时期	13	13	13	13
截面数	24	24	24	24

注：*、**、***分别表示在10%、5%和1%的显著性水平下显著。

二、环境效应的估计结果分析

结果显示，模型（1）~模型（3）中旅游发展对空气污染的影响均不显著，模型（4）则均在1%的显著性水平下显著。从参数估计系数大小来看，模型（1）~模型（3）的估计系数明显低于模型（4），存在低估问题；从参数估计系数方向来看，模型（2）~模型（4）的估计系数均为负。从各模型拟合优度来看，模型（4）的R^2值最大，说明其拟合效果最好，包含双重门槛值的解释变量对因变量的解释力度最大，较好地反映了旅游发展对环境效应的门槛特征。下面对模型（4）展开分析。

总体而言，旅游发展水平在不同门槛区间内对空气污染均表现出显著的倍数级负向影响，即旅游业对资源枯竭型城市转型的环境效应具有显著正向作用。但随着旅游发展水平的不断提高，其对环境效应的边际促进作用呈阶梯状递减趋势。换言之，旅游发展促进资源枯竭型城市环境改善的边际效应随着旅游专业化水平的提高而逐渐减弱。具体表现为：当旅游发展水平低于门槛值0.063时，旅游业占GDP的比值每提高1个百分点，环境改善程度的边际效应为9.11%；当旅游发展水平处于0.063~0.092区间时，旅游发展对环境改善的边际效应下降到5.82%；当旅游发展水平高于门槛值0.092时，旅游发展的环境影响效应继续降至2.60%。旅游发展对环境效应的边际作用显著为正，表明旅游业在资源枯竭型城市的转型中产生了积极的环境效应，说明对于资源枯竭型城市而言，发展旅游业能够有效改善当地的生态环境。旅游业素有"无烟工业"之美誉，一方面，以旅游业取代重污染的工业产业，能够减少污染物的排放、减轻大气污染、促进生态环境的改善。另一方面，旅游者对旅游环境的质量要求较高，为了满足旅游者的审美需求，提高对旅游者的吸引力，当地政府和旅游企业必然会致力于营造整洁优美的旅游环境，一定程度上也会提升旅游发展的生态效应。但是，需要引起注意的是，旅游发展对资源枯竭型城市转型的边际生态效应逐渐下降，表明旅游发展促进环境保护的势头不断减弱。因此，需要提防旅游业可能对环境产生的不利影响。旅游业并非是"无污染工业"，若开发管理不善同样会造成环境污染与破坏。一方面，无序的旅游开发可能会带来水土流失、植被破坏、地表塌陷等环境问题，威胁生态环境。同样，旅游交通、餐厅、宾馆等旅游企业直接排放的废水废气等都是环境的重要污染源。另一方面，游客的不文明行为如乱扔乱吐等都会对生态环境产生直接危害，影响旅游业的可持续发展。

本 章 小 结

本章利用面板门槛模型实证检验了旅游业推动资源枯竭型城市转型的经济效应、社会效应和环境效应。研究结果发现：

（1）旅游业推动资源枯竭型城市转型发展的经济效应存在三重门槛特征，门槛值分别为0.019、0.026和0.031。随着旅游发展水平的阶段性提升，旅游业推动资源枯竭型城市转型的经济效应存在先增后减的倒"U"形非线性作用。

（2）旅游业推动资源枯竭型城市转型发展的社会效应存在双重门槛特征，门槛值分别为0.024和0.052。旅游发展水平在不同门槛区间内对资源枯竭型城市转型的社会效应表征出先减后增的正"U"形关系。

（3）旅游业推动资源枯竭型城市发展转型的环境效应存在双重门槛特征，门槛值分别为0.063和0.092。旅游发展水平在不同门槛区间内对空气污染均表现出显著的倍数级负向影响，即旅游业推动资源枯竭型城市转型的环境效应具有显著正向作用。但随着旅游发展水平的不断提高，其对环境效应的边际促进作用呈阶梯状递减趋势。

第七章
旅游业推动资源枯竭型城市转型的典型案例剖析

本章研究的重点是通过对国内外旅游业推动资源枯竭型城市转型发展的经典案例进行个案剖析，从不同视角多点透视案例本质，归纳总结出不同案例的不同成功经验，并进行横向比较分析，总结案例成功经验的共性特征和独到之处，进而探索旅游业推动资源枯竭型城市转型发展的路径设计和模式创新。本书通过文献梳理发现英国布莱纳文镇、德国鲁尔区、河南省焦作市和湖北省黄石市受到普遍关注且其旅游业发展模式和路径各有特色，同时通过案例间的相互比较分析，有助于深入了解转型背景下资源枯竭型城市旅游业的发展模式。故选取上述4个城市（地区）进行多点透视分析。

第一节　国外案例透视

本书国外案例选取的主要是已进入后工业时代发达国家的资源枯竭型城市成功转型的经验。

一、英国布莱纳文镇：工业遗产的旅游红利[①]

英国是世界上最早的工业化国家，重工业的高度发达铸就了昔日的海上帝国。在进入后工业时代，曾经繁华的工业地区随着资源的枯竭日益衰退，取而代之的是遭受工业污染和破坏的满目疮痍的生态环境。为了资源枯竭地区的可持续发展，英国政府采取了一系列办法来引导和扶持此类城市进行转型。其中，布莱纳文镇通过发展工业遗产旅游获得成功转型的做法引起了广泛的关注。

（一）案例概述

1. 布莱纳文镇简介

布莱纳文镇（Blaenzvon）始建于1787年，是英国19世纪重要的钢铁和煤

---

① 齐镭：《资源枯竭型城镇的旅游导向复兴之路》，载于《中国旅游报》2012年12月12日。

炭产地，历经近两个世纪的辉煌发展，最盛时多达25万名雇用矿工。但随着煤炭资源储量的骤减，该镇从20世纪60年代开始逐渐衰落，失业人员剧增，镇区居民不断外流，最终随着布莱纳文煤矿于1980年被迫关闭，矿场全面停产，从而成为典型的资源枯竭型城镇（杨振之，2012）。由于煤矿的关闭而遗留下大量的工业遗迹，这其中就包括被称为南威尔士最古老的深井矿之一的布莱纳文大矿坑。当地政府为了挽救衰落的城镇，重振布莱纳文镇经济，对当地工业遗迹进行了遗产保护和旅游景观开发，走出了一条工业遗产旅游的转型之路。

如今的布莱纳文镇已彻底摆脱了资源匮乏的困境，通过大力发展工业遗产旅游，已经成为一个颇有名气的旅游小镇。该镇保存完好的工业遗址为研究19世纪英国工业革命时期的社会和经济结构提供了典型范例，以及布莱纳文工业遗址的各组成部分共同构成了典型的19世纪英国工业革命时期工业区，从而在2000年被联合国教科文组织列入世界文化遗产名录中。

2. 工业遗产旅游

布莱纳文镇地方政府于1984年将镇边大矿场改建成南威尔士矿业博物馆，并以此为基础，将镇区逐渐发展为33平方千米的工业文化主题旅游目的地，包括铁矿石场、石灰岩采石场、煤矿铁炉、砖厂、隧道、蓄水池、露天人工水渠、分散的厂房以及教堂、学校、工人公寓等工业革命时代的实物，集中反映布莱纳文镇工业景观的真实性和完整性。

在工业遗产旅游的开发过程中，布莱纳文镇对原本荒芜的尾矿山体进行绿化，恢复受损的生态环境，开展户外休闲旅游项目。其中，包括将境内64处工业遗址进行整合开发，设计了17千米长的工业遗产徒步线路，且将部分工业废旧建筑改造为住宿、餐饮等接待设施，满足游客长时间停留和夜间活动的需求，同时又使废弃的资源得以重新利用，焕发新机。此外，该镇还开发了一系列体验感强的旅游项目，如最具知名度和吸引力的"地下之旅"项目。该项目主要是为游客提供了深入到地下300英尺去感受矿工真实工作场景的奇妙体验。由于工业遗产旅游的快速发展，该镇的就业率不断上升，居民日渐回流。2010年，布莱纳文镇制定了《布莱纳文工业景观世界遗产地管理规划（2011~2016）》，该规划的首要宗旨是保护布莱纳文工业文化景观，令后代可以了解南威尔士地区对工业革命的卓越贡献。通过展示与推广布莱纳文工业景观，发展文化旅游，提供教育机会，改善本地区的认知形象，以促进经济复兴。与此同时，该规划还提出了一些具体的措施，主要有：

（1）确保对本地世界遗产的推广与展示不违背世界遗产地的特质与价值；

（2）确保单体吸引物在综合性的框架环境内展示，以加强其间的关联性，并将游客活动有效散布至整个镇区；

（3）在世界遗产地展示中，通过一系列互动式阐述手段，强调社会性历史和个人生活；

（4）提高本地社区居民在世界遗产地适当展示与保护工作中的参与度；

（5）确保足够的营销推广资金；

（6）确保科普与文化教育在本世界遗产地的展示中扮演核心角色，以符合联合国教科文组织的宗旨，并寻求更广泛的知识产权价值实现途径。

（二）案例透视

透过布莱纳文镇的案例，总结出如下主要成功经验：

1. 政府主导旅游开发

政府在布莱纳文镇发展旅游业过程中自始至终扮演着主导角色，从旅游发展战略决策制定到工业遗产旅游项目开发，从世界工业遗产申报到旅游目的地营销，从工业旅游资源保护到远景战略规划都体现了政府的主导作用。

2. 旅游开发不断创新

布莱纳文镇旅游开发不断创新主要体现在工业旅游资源的深度挖掘和旅游产品的更新换代上。在工业旅游资源的挖掘上不断向深度化推进，从有形的工业遗迹景观的保护到无形的矿冶文化开发。在产品的更新换代上，从静态的展览展示到动态的参与体验，不断在产品上增强游客的感受和体验效果，同时还从一日游产品发展到过夜游，再到多日游的休闲度假，这些都充分说明布莱纳文镇虽然只是发展工业遗产旅游，但是仍然在旅游开发上不断进行产品创新，永葆竞争活力。

3. 重视工业遗迹保护

虽然布莱纳文镇旅游开发如火如荼地展开，但并没有对工业遗迹资源造成破坏，反而保护的力度越来越大。在其制定的《布莱纳文工业景观世界遗产地管理规划（2011~2016）》中就明确提出该规划的首要宗旨是保护布莱纳文工业文化景观，令后代可以了解南威尔士地区对工业革命的卓越贡献。由此可以看出，布莱纳文镇对工业遗产和历史文化的重视。

二、德国鲁尔工业区：废弃工厂的生态花园[①]

德国鲁尔工业区的转型与复兴是被国内研究资源枯竭型城市转型的学者们广泛引用的案例，其成功的转型在世界范围内产生了深远的影响。

（一）案例概述

1. 鲁尔工业区简介

鲁尔区位于德国中西部的北莱茵－威斯特法伦（Nordheim－Westfalen）省，面积达 4432 平方千米，著名的莱茵（Rhein）河的三条支流（鲁尔河、埃姆舍河以及利帕河）从南到北依次横穿该区。鲁尔区的工业发展有近 200 年的历史，早在 1811 年，位于该区的埃森市就有了著名的大型钢铁联合企业——康采恩克虏伯公司。随后，蒂森公司、鲁尔煤矿公司等一批采矿和钢铁公司也在这一地区创建。19 世纪上半叶开始的大规模煤矿开采和钢铁生产，逐渐使鲁尔区成为世界上最著名的重工业区和最大的工业区之一，也是欧洲最古老的城镇集聚区，并形成了多特蒙德（Dortmund）、埃森（Essen）、杜伊斯堡（Duisburg）等著名的工业城市。然而，在经历了 100 多年的繁荣发展后，鲁尔区于 20 世纪 50 年代末到 60 年代初开始出现经济衰落，煤炭工业和钢铁工业尤其突出，70 年代后，逆工业化过程的趋势已十分明显。逆工业化时代的来临，褪去了鲁尔工业区近百年的喧嚣和繁华，高耸的塔炉和轰鸣的机床已风采不再，一度是德国"经济引擎"的煤炭和钢铁生产基地，在后工业文明的挑战下逐渐衰退为大片不毛"锈地"、污染严重的大面积工业废弃地、斑驳弃用的巨型钢铁设备、混沌秽浊的河道以及动荡不安的社会经济结构。到 80 年代末期，鲁尔区面临着严重的失业问题，1987 年鲁尔区达到 15.1% 的最高失业纪录，大大超过 8.1% 的全国平均失业率（李蕾蕾，2002）。然而在经历了由政府主导的一系列振兴计划之后，如今的鲁尔区一改资源枯竭时期的颓废与荒芜，成为德国区域经济中的又一重镇。

[①] 李蕾蕾：《逆工业化与工业遗产旅游开发：德国鲁尔区的实践过程与开发模式》，载于《世界地理研究》2002 年第 3 期。

2. 工业废弃地的百变新生

德国鲁尔工业区被誉为世界上工业遗产旅游最成功的典范之一。为了对废弃的工业建筑、设备等工业棕地进行再利用，德国各级政府和相关机构发起了国际建筑展（IBA）活动，该活动项目旨在通过组织建筑、景观、规划设计的项目竞赛来调动全民的参与积极性，并从中选取棕地改造的最佳方案，然后再由政府部门根据方案来主导工业棕地的改造和开发。这些工业棕地上的旧工厂被改造成了展览馆，起重架的高墙和煤渣堆变成了攀岩训练场，旧的炼钢厂冷却池转变为潜水训练基地，废瓦斯槽换装为充满太空意境的展览馆。此外，通过在改造后的工业棕地上进行周期性的文化节庆休闲活动，激发人们参与到 IBA 带来的全新生活体验中，如在钢铁车间里听摇滚乐，在生产线遗址上喝咖啡、在炼钢池里游泳等，使公众主动加入工业废弃地的改造和维护活动中。

李蕾蕾（2002）将鲁尔区工业遗产旅游的发展模式总结为两个部分，即区域性一体化模式和独立遗产点开发模式。

区域性一体化模式是指鲁尔区开发工业遗产旅游过程中对整个区域的旅游线路、营销推广和旅游规划做全盘考量。在该模式下，鲁尔区工业遗产旅游的一体化开发和整合利用是一个有意识、有步骤，并逐步细化和深化的过程，这有利于树立统一的区域形象，对区内各城市间的相互协作和对外宣传具有重要作用。

独立遗产点开发模式是指根据工业遗迹的实际情况和具体条件，因地制宜地进行相关的开发和再利用，这种模式包括博物馆模式、公共休憩空间模式、与购物旅游相结合的综合开发模式。

（1）博物馆开发模式：该模式将"亨利"钢铁厂改造为"生态博物馆"，将"措伦"采煤厂改建为具有悠久历史的大学似的工业博物馆以及"关税同盟"煤炭——焦化厂转变成了德国的工业艺术和现代设计中心。

（2）公共休憩空间模式：该模式中以北杜伊斯堡景观公园最具代表性和典型性。该公园前身是位于杜伊斯堡的 1985 年已停产的著名的蒂森钢铁公司旧址，曾是一个集采煤、炼焦、钢铁生产于一身的大型工业基地。德国著名的景观设计大师彼得·拉次通过生态修复、景观再造等手段把其改造成为一个以煤、铁工业元素符号为基调的大型景观休憩公园，遂成为景观改造工业废弃地的著名案例之一而广为流传。

（3）与购物旅游相结合的综合开发模式：该模式的典型代表是位于奥伯豪森的中心购物区。奥伯豪森是一个富含锌和金属矿的工业城市，逆工业化导致工厂倒闭和失业工人增加，促使该地寻找振兴之路。奥伯豪森成功地将购物旅游与工业遗产旅游相结合，在工厂废弃地上新建了一个大型的购物中心，同时开辟了一个工业博物馆，并就地保留了一个高 117 米、直径达 67 米的巨型储气罐。中心购物区并不是一个单纯的购物场所，配套建有咖啡馆、酒吧、美食文化街、儿童游乐园、网球和体育中心、多媒体和影视娱乐中心以及由废弃矿坑改造的人工湖等，而巨型储气罐不仅成为这个地方的标志和登高点，还成为一个可以举办各种类型展览的实践场所。

（二）案例透视

透过德国鲁尔工业区的案例，总结出如下主要成功经验：

1. 政府主导 + 全民参与

鲁尔工业区在发展旅游过程中采取的是"政府主导 + 全民参与"相结合的旅游开发模式。该模式通过政府主导旅游开发进行"自上而下"的推行，同时调动全民参与旅游开发，进行"自下而上"的倒推。这种双管齐下的开发模式一方面可以提高旅游开发的效率，避免政府一厢情愿式开发。另一方面可以鼓励全民参与旅游开发，集思社会各界智慧，激发社会创作灵感，获得最大化的旅游开发效果。

2. 全盘统筹 + 资源整合

鲁尔区在整个发展旅游过程中既全盘考虑整个区域工业遗产旅游的规划，又根据各个单体工业遗产遗迹的具体情况进行独立开发。这样就会避免重复开发带来的资源浪费和各自为营开发导致整体形象模糊不清。通过整合不同类型的旅游资源、不同区域的旅游产品，开发鲁尔区域旅游线路，制定统一的营销计划，打造鲁尔工业区整体旅游形象。

3. 生态恢复 + 景观再造

鲁尔区发展工业遗产旅游，通过生态修复，景观再造等途径，将其与旅游开发相结合，重新焕发遗弃地的生命力。鲁尔工业区对于工业棕地的做法首先是采用多种方式进行生态恢复，然后根据场所具体情况将各个独立工业遗迹进行景观再造，使之成为供人们休闲、旅游、度假、购物的好去处。

但鲁尔区案例只涉及工业遗产旅游方面的开发，以工业遗产旅游为主，促进地方经济发展、环境改善和社会发展。因此鲁尔区的旅游发展模式可归纳为是以工业遗产旅游为核心的发展模式。充分利用资源枯竭型城市遗留下的工业废弃地、废旧工厂设备等改造成博物馆、商业街区、公共休憩场所等，并利用改造的新景观和场所文化开发工业遗产旅游项目。鲁尔工业遗产旅游并不能算得上是鲁尔工业区的主导产业，但其作用却是不能忽视的，甚至是关键的。通过工业遗产旅游项目开发将废弃资源进行再利用和价值再造，从而改善该地区的生态环境和人文环境、吸引外来投资、促进产业结构升级和产业调整，促使该地区重新焕发生机。

第二节　国内案例透视

本书中的国内案例选取河南省焦作市和湖北省黄石市（含大冶市）。其中，焦作市通过大力发展旅游成功转型的经验引发了全国关于"焦作现象"的大讨论，焦作市的转型经验被编入普通高中地理教材中。"焦作现象"一时间成为资源枯竭型城市争相发展旅游的模板和范本。黄石市作为新中国成立的地级市，其城市的产生、发展和衰落具有典型的资源枯竭型城市的特征。近年来，黄石市逐渐意识到发展旅游业在城市转型中的巨大作用，连续举办了多届国际矿冶文化旅游节，取得了广泛的关注和社会影响。

一、中国河南焦作市：煤炭黑城的山水蝶变[①]

（一）案例概述

1. 焦作市简介

焦作于1953年建市，地处河南省西北部，北依太行山，南邻黄河。焦作市境内煤炭储量丰富，早在1898年英国人就来此开采煤矿，因煤的储量丰富、质量上

[①] 夏林根：《焦作蝶变》，载于《决策》2007年第2期。

乘而享誉西方。焦作市在历史上以"煤城"著称，曾是我国五大煤炭基地之一，是一个典型的因煤矿而兴的资源型城市。同时，焦作市许多行业的形成和发展都与煤炭有着千丝万缕的联系，资源型工业企业的增加值占全市工业增加值的比重曾一度高达80%以上。但历经一百多年的开采，焦作市的煤炭储量大幅度减少，到"九五"末期，焦作市已成为全国47个煤炭资源枯竭型城市之一。焦作市总面积4 071平方千米，现有4个市辖区（解放区、中站区、马村区、山阳区）、1个城乡一体化示范区、2个县级市（沁阳市、孟州市）、4个县（修武县、博爱县、武陟县、温县）。截至2018年，全市年末人口377.47万人，常住人口359.07万人。①

2. 煤炭黑城到山水绿城的蝶变

同大多数资源型城市一样，焦作市发展的步伐与主导资源行业的兴衰同进退，可谓"一荣俱荣，一损俱损"。20世纪90年代末，由于国家开始实行严格的环境保护政策，大批"五小"工业企业被关闭②，一大批企业陷入困境。焦作市矿务局先后有6座矿井因资源枯竭面临闭矿，成为全国36家特困煤炭企业里的最困难者，濒临整体破产的境地。资源型城市固有的结构性矛盾不断涌现，经济增速连年下滑。"九五"期间，焦作市经济年均增长率仅为3.5%，失业严重、城市设施落后、环境污染严重等各种社会矛盾和问题大量暴露。为了将危机转化为机遇，焦作市积极转变发展思路，达成城市转型的发展共识。从1999年开始，焦作市委、市政府作出"做强做大铝工业，改造提升传统产业，培育壮大骨干企业；大力发展高新技术产业；利用农业资源，发展农副产品加工业；以旅游业为龙头，带动全市第三产业快速发展"的战略决策。这一战略决策由此拉开了焦作市从黑色"煤城"蝶变为绿色"山水城"的序幕。

焦作市通过加大投资，开发建设了焦作山水峡谷极品景观，形成了云台山、青龙峡、青天河、神农山4大旅游区和10大旅游景点的大旅游格局。通过旅游奖励、旅游专列以及多种大型宣传推介活动，吸引大量游客。在短短几年时间里，焦作市的旅游业异军突起，连续7个黄金周接待的游客人数、实现的门票收入位居省辖市第一。旅游业占人均生产总值的比重由2000年的不足1%剧增到2006年的10.5%。实现了由"煤城"到"中国优秀旅游城市"、由"黑色印象"到"绿色主题"的成功转型。焦作市还获得了"焦作山水""云台山世界地质

---

① 焦作市2018年国民经济和社会发展统计公报。
② 特指浪费资源、技术落后、质量低劣、污染严重的小煤矿、小炼油、小水泥、小玻璃、小火电等企业。

公园""太极圣地""世界杰出旅游服务品牌"等众多旅游知名品牌。原本在国内旅游业中默默无闻的焦作市一跃成为旅游界的一匹黑马，不断创造焦作市旅游业的领先优势，并引起国内外专家的高度重视，被誉为"焦作现象"。"焦作现象"被编入全国高中地理统编教材。根据城市成长能力评价模型的方法进行计算，焦作市在中原城市群所属的9个城市中成长能力排名第2，其综合实力和发展潜力可见一斑。如今，"焦作现象"被赋予了引领功能、标准效应、进取意识、拉动作用、市场运作五种新的内涵，成为中国旅游业发展的一个标杆。

焦作市在发展旅游业过程中始终贯彻四个工程，即一号工程、精品工程、营销工程和服务工程。

一号工程：焦作市委、市政府把旅游业列为"一号工程"，每年多次召开专题会议，研究旅游发展工作，在全市形成了主要领导亲自抓、分管领导具体抓、其他领导配合抓，一级抓一级、层层抓落实的工作机制，推动了旅游业的快速发展。每年至少有一个有关旅游业发展的文件出台，先后出台了《关于进行第三次创业加快发展旅游业的意见》《关于做好假日旅游工作的意见》等一系列支持加快旅游业发展的指导性文件，制定了鼓励旅游业发展的优惠政策，为旅游业创造了广阔的发展空间及优良的发展环境。

精品工程：焦作市在发展旅游业之初，就把"焦作山水"作为最响亮的品牌来塑造，这一准确定位是成功的关键。围绕"焦作山水"的旅游定位，在北部太行山一线，营造以云台山、青天河、神农山、青龙峡、峰林峡五大景区为主的自然山水峡谷景观；在中心城区，建设以焦作黄河文化影视城、龙源湖公园、森林动物园三大主题公园为特色的城市休闲娱乐景观；在南部黄河一线，开发以太极拳发源地陈家沟、万里黄河第一观嘉应观、韩愈故里等景点为代表的历史人文景观。如今，焦作市已经形成了以自然山水游为主，历史文化游、休闲娱乐游、体育健身游、科普知识游、民俗风情游、工业参观游、农业观光游、黄河湿地游等配套发展的旅游产品体系。

营销工程：焦作市始终把宣传促销放在突出位置，建立了成熟的营销网络，确立了"占领巩固第一市场，强力开拓第二市场，积极发展第三市场"的营销思路，形成了稳固的客源市场。市财政每年拨出500万元经费进行宣传促销活动，从而形成了稳固的客源市场。

服务工程：焦作市先后出台了《焦作市旅行社管理暂行办法》《焦作市导游

人员管理若干规定》等6个规范性文件,整理汇编了各项国家标准和行业标准。规范化、人性化、个性化的接待服务使游客一来到焦作市,就处处感受到焦作市旅游省心、便利、贴心的服务。此外,焦作市的旅游系统还针对不同国籍、不同民族、不同生活习惯、不同信仰、不同身体条件的游客,设计了数十条各种各样的旅游线路,使每一位游客都能找到适合自己的旅游线路。

(二) 案例透视

焦作市在面临城市转型中所遇到的资源枯竭、失业严重和环境恶化等问题能够能被旅游业的行业特性所克服,而焦作市高品位高等级的区域旅游资源、庞大广阔的旅游客源市场及较为完善的基础设施正好满足了旅游业的发展要求。焦作与旅游两者相互耦合,产生了"焦作现象"。透过"焦作现象",总结出如下主要成功经验:

1. 政府主导旅游

政府主导旅游发展,确保旅游发展战略地位,为旅游发展保驾护航。包括政府主导旅游市场营销、旅游资源开发、旅游基础设施建设等有关旅游业发展的各个环节。焦作市政府实施的"一号工程"将旅游发展提升到战略性地位,充分调动政府各部门的资源为旅游业发展服务,对旅游业发展给予足够的重视,为焦作市旅游业快速发展保驾护航。可以说,没有政府的强势推动和大力支持,没有全市上下一条心的通力合作,就算焦作市拥有世界级的旅游资源也无法打造成为如今充满魅力的旅游目的地,更无法实现华丽的转身。

2. 强势旅游营销

如今已不是"酒香不怕巷子深"的营销时代,再好的资源和产品如果没有科学有效的营销策略也无法受到市场的热捧。焦作市利用政府的公信力和权威性整合全市各部门资源对焦作市的旅游景区进行强势营销。不论是旅游专列还是全市总动员奔赴客源地促销,不论是旅游奖励还是旅游广告宣传,焦作市不断创新营销举措,大力推荐旅游景区和招徕游客,收到了奇迹般的效果。可以说,政府的强势营销造就了"焦作现象",将焦作市旅游推向了世界,打响了焦作旅游品牌。

3. 塑造旅游品牌

城市旅游品牌是城市旅游发展的核心竞争力,旅游品牌的塑造并非一日之功。焦作市在旅游业发展初期就开始贯彻"精品工程"和"服务工程"的超前理念,从开发山水自然景观旅游产品到深度挖掘太极文化旅游资源,都力求高标准的旅游景区开发和过硬的旅游服务质量。这些为焦作市塑造"太极圣地，山水焦作"的旅游品牌打下了坚实的基础。如今，"太极圣地，山水焦作"的城市旅游品牌已经成为焦作市享誉世界的旅游金字招牌。

4. 旅游产业集群

焦作市通过修编《焦作市旅游产业发展总体规划》，建立科学的旅游产业配套体系、完善的旅游产业空间布局以及合理的旅游产业发展结构，加强旅游产业的运作力度，深入推动旅游业与农业、工业、文化产业的融合，不断拉长产业链条，催生旅游产业集聚发展。可以说，旅游产业集群是焦作市旅游发展的二次转型升级，使焦作市的旅游业更上一个台阶，从过去的观光旅游、"门票经济"升级为休闲度假旅游和"产业经济"。

二、中国湖北黄石市："光灰城市"的华丽转身[①]

（一）案例概述

1. 黄石市简介

黄石市位于湖北省东南部，地处楚头吴尾，雄居长江中游南岸。黄石建市于1950年，是新中国成立后湖北省最早设立的两个省辖市之一。素有"百里黄金地，江南聚宝盆"美誉的黄石市曾有着丰富的矿藏资源，是我国中部地区重要的原材料工业基地，被誉为青铜古都、钢铁摇篮和水泥故乡。毫无疑问，黄石市是以本地铁矿、铜矿、煤炭、石灰石等矿产资源开采加工为基础生产钢、铜 水泥能源为主导产业的一个典型的综合性资源型城市。作为资源型城市，黄石市为我国改革开放和现代化建设做出了重大贡献。但到2007年，黄石煤、铁、铜的保有储量分别只占累计探明储量的24.3%、23%、39.7%。保有储量占累计探明储量不低于30%的矿山，仅有大冶铁矿等14座。主体矿山进入衰退期，可开采资源严重不足，服务年限都在逐年缩短。大批矿山相继闭坑。20世纪70年代以来，随着资源逐步枯竭，22座铜矿、10座煤矿和4座铁矿相继闭坑。同

[①] 作者根据相关资料整理。

时,因推进环境治理、节能减排和可持续发展的需要,关闭了一批石灰石矿。①

烟囱曾是黄石市生产繁忙、经济繁荣的标志,"烟囱经济"也曾一度是黄石市经济的代名词。20世纪70年代,黄石市区每月每平方千米的降尘量高达90多吨,城市空气污染严重,被人们戏称为"光灰城市"。长期以来这种戏称久而久之被媒体的报道及被黄石市市民、来过黄石市的外地人口口相传,逐渐沉淀为一种负面的固有形象,一谈到黄石市,"光灰城市"的形象就让人望而却步,给黄石市贴上了一个不宜旅游的城市标签,成为黄石市旅游发展的"紧箍咒"。

2. "光灰城市"的华丽转身

为破解资源枯竭的困局,黄石市以资源枯竭型城市转型为契机,把发展旅游业作为转变经济发展方式,推进产业结构战略性调整的重要抓手,用旅游的理念引导城市建设与发展,不断加快资源整合,推进项目建设,完善服务功能,优化旅游环境,突出区域特色。为此,黄石市委市政府高度重视,将旅游产业作为加强现代服务业发展的突破口首先加以打造。市人大、市政府领导多次深入旅游管理部门及景区进行调研,对发展旅游业提出了建议思路。社会各界对发展旅游业的认识不断提高,在相关部门的共同努力下,黄石市的交通、通信、能源等基础设施建设得到大力发展。道路旅游标识指示系统、旅游观光巴士、旅游公共汽车等城市旅游功能日益完善,相关产业协调发展带动性明显。

2009年以来,黄石市市政府以加强规划先行做指导,突出黄石市工业、生态、佛教文化及红色旅游等特色理念,着力打造了一批A级重点景区,黄石市国家矿山公园经过高端规划、精品建设喜获国家4A级旅游景区头衔,是黄石建市以来历史上首次获批国家高等级的旅游景区,已成为全省工业旅游的重要支点。同时,黄石市红色旅游、乡村旅游也驶入快车道,相关专项规划已经出炉。

黄石市对旅游景区建设体系还进行了有力的革新,带动了各县市区旅游发展的积极性。黄石国家矿山公园直属大冶铁矿管理、铜绿山古矿冶遗址交由大冶市全权建设与管理、成立东方山风景区管理委员会并对下陆区、铁山区等各城区旅游建设机制进行了调整,助推了旅游景区建设的迅猛发展。各景区建立健全旅游发展机制、明确旅游标识,旅游标牌效果突出,极大提升了黄石市旅游业态的档次。

---

① 吕东升、陶新安、陈志勇、王宇华、王耀辉、胡颖、郭继远:《江南明珠展新姿——黄石市推进资源枯竭型城市转型发展调研报告》,载于《政策》2011年第4期。

为进一步扩大黄石市旅游业在国内的知名度及影响力，黄石市政府积极组织行业单位参加了湖北省赴台湾旅游促销周、义乌国际旅游商品博览会、大连国内旅游博览会、江西龙虎山道教文化旅游节、咸宁国际温泉文化旅游节等各类旅游交易会和促销活动。积极通过多种途径开展旅游宣传与合作，提升黄石市的旅游形象魅力，拓展旅游市场。并且连续举办了两届黄石国际矿冶文化旅游节，极大地宣传了黄石市的工业旅游形象，推动了黄石市旅游业的快速发展。

目前，黄石市共拥有4A级旅游景点2处，3A级旅游景点4处，省级风景名胜区1处。省级生态旅游景区1处，省级森林公园1处。此外，大冶铜绿山古铜矿遗址、阳新龙港鄂东南特委旧址和彭德怀旧居等多处被纳为国家级文物保护单位，保安湖湿地被纳入国家级自然保护区，黄石矿冶工业遗产列入中国世界文化遗产预备名单。可以说，黄石市旅游产业可持续发展能力持续增强，旅游经济保持健康、有序、稳步的发展态势。旅游业在国民经济和社会发展中的地位不断提高。

（二）工业旅游发展情况

黄石老工业基地矿冶文化历史悠久，工业遗产资源丰富、工业遗迹遗址保存较好，为开发工业遗产旅游发展提供了良好的核心竞争要素。在政府支持和企业参与下，不少工业企业集团开始重视现代工业观光旅游对于提升企业知名度和塑造企业形象的作用，并积极开发工业遗产旅游和现代工业旅游项目。具体如下：

1. 工业旅游资源赋存丰富

根据《黄石市工业旅游发展规划（2017~2030年）》，黄石市老工业基地境内共有182个工业旅游资源单体。单体类型覆盖了现代工业旅游资源和工业文化遗产资源2种类型；采矿业、制造业、工业文化遗留物、工业非物质文化遗产4个主类以及20个亚类。其中，现代工业旅游资源27个，工业文化遗产资源155个。

可以说，黄石老工业基地工业旅游资源赋存丰富，类型多样，既有历史悠久的工业遗产资源，也有特色鲜明的现代工业企业资源。目前，黄石市最具代表性工业遗产旅游资源有大冶铁矿东露天采矿区、铜绿山古铜矿遗址、华新水泥厂旧址和汉冶萍煤铁厂矿旧址，均被列入《中国世界文化遗产预备名单》。

(1) 大冶铁矿东露天采矿区。

大冶铁矿东露天采矿区位于湖北省黄石市铁山区境内,现已开发成为黄石国家矿山公园,为国家 AAAA 级旅游景区和国家工业旅游示范基地。"矿冶大峡谷"为黄石国家矿山公园核心景观,形如一只硕大的倒葫芦,东西长 2 200 米、南北宽 550 米、最大落差 444 米、坑口面积达 108 万平方米,被誉为"亚洲第一天坑"(见图 7 – 1、图 7 – 2、图 7 – 3、图 7 – 4)。

图 7 – 1　黄石国家矿山公园门景

图片来源:作者拍摄。

图 7 – 2　黄石国家矿山公园毛主席像

图片来源:作者拍摄。

图7-3 黄石国家矿山公园露天矿坑

图片来源：作者拍摄。

图7-4 黄石国家矿山公园景观小品

图片来源：作者拍摄。

(2) 铜绿山古铜矿遗址。

铜绿山古铜矿遗址位于湖北省大冶市城西南3千米处，面积2平方千米。铜绿山古矿冶遗址是中国商朝早期至汉朝的采铜和冶铜遗址，最新考古发现铜绿山的开采时间可追溯到夏朝早期，1973年起发掘。1982年被国务院公布为全国重点文物保护单位。依托该遗址建起了中国第一座反映古代矿冶科技史的专门性博物馆，即铜绿山古铜矿遗址博物馆（见图7-5、图7-6、图7-7、图7-8）。

图7-5 铜绿山古铜矿遗址博物馆

图片来源：作者拍摄。

图7-6 铜绿山古铜矿遗址内景

图片来源：作者拍摄。

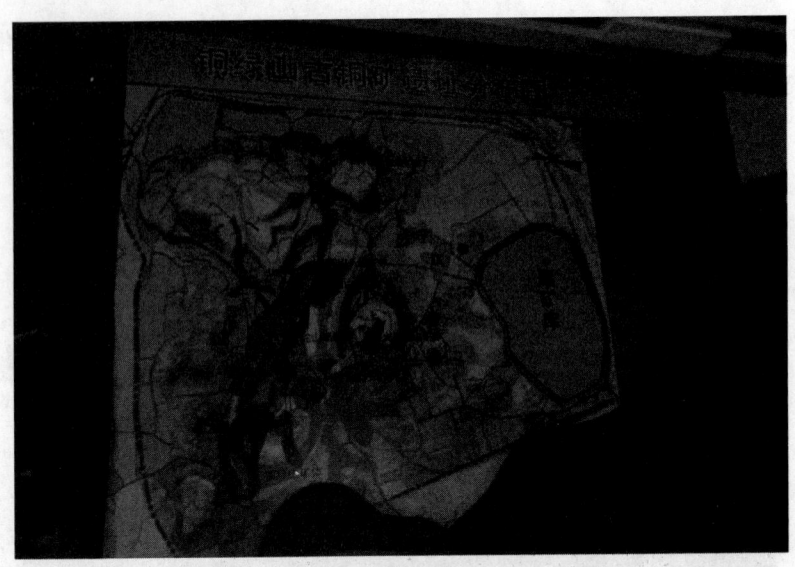

图 7-7　铜绿山古铜矿遗址分布图

图片来源：作者拍摄。

图 7-8　铜绿山古铜矿博物馆展品

图片来源：作者拍摄。

(3) 华新水泥厂旧址。

华新水泥厂旧址是我国现存时代较早，保存规模最大，保存原貌最完整的水泥工业遗存，填补了我国近代水泥工业遗产保护的空白。20 世纪 50 年代，华新水泥公司曾被毛泽东誉为"远东第一",见证了中国民族工业从萌芽、发展到走向现代的历史进程,是非常重要的工业遗产。该旧址2013年被列入第七批全国重点文物保护单位,其中包括7.39万平方米设施,83个文物单元。据初步统计,该遗址现有遗存设备332台套,非标件535件。2016年9月,华新水泥厂旧址入选首批"中国20世纪建筑遗产"名录(见图7-9、图7-10)。

图7-9　华新水泥厂旧址夜景

图片来源:人民网—湖北频道。

图7-10　华新水泥厂旧址内景

图片来源:人民网—湖北频道。

(4) 汉冶萍煤铁厂矿旧址。

汉冶萍煤铁厂矿旧址位于黄石西塞山区和黄石港区，属于近现代代表性厂矿建筑，是我国现存最早的近代工业钢铁冶炼遗址，具有非常高的文物价值。2006年6月，被国务院公布为第六批全国重点文物保护单位。现完整保留有汉冶萍时期的高炉栈桥1座、冶炼铁炉1座、日式住宅4栋、欧式住宅1栋、瞭望塔1座、卸矿机1座。其中，日欧式建筑群是"汉冶萍公司"历史进程的重要见证，不仅具有重要的文物价值，而且其建筑形制国内少见，在中国建筑史上也具有很高的价值（见图7-11、图7-12）。

图7-11　汉冶萍煤铁厂矿旧址高炉遗址

图片来源：作者拍摄。

图7-12　汉冶萍煤铁厂矿旧址日式建筑

图片来源：作者拍摄。

黄石市老工业基地着重以铜绿山古铜矿遗址、汉冶萍煤铁厂矿旧址、华新水泥厂旧址及大冶铁矿东露天采场遗址等工业遗产旅游地为主，精心策划工业旅游精品线路，积极创建国家5A级旅游景区。对工业遗产地进行合理规划整合，深入挖掘工业旅游资源文化内涵，打造黄石市工业旅游目的地品牌。在工业旅游资源整合开发上，通过工业旅游小火车把工业遗址资源串联起来，将黄石市老工业基地的老港口、老码头、老厂房连接起来，集聚旅游人气，从而推动黄石市老工业基地绿色转型发展。此外，还通过设计不同主题的工业旅游线路，将现有工业旅游资源进行有效整合，开发多个特色工业旅游专题线路，如表7-1所示。

表7-1　　黄石市老工业基地特色工业旅游线路开发一览表

序号	游线主题	工业旅游线路设计方案
1	矿冶文明寻踪之旅	黄石国家矿山公园（铜绿山古铜矿遗址、大冶铁矿园区）—华新水泥厂旧址—汉冶萍煤铁厂矿旧址—东钢工业旧址—源华煤矿旧址
2	地矿科普观光之旅	西线：小雷山—大泉沟—天台山；南线：黄坪山—龙角山—董家口—仙岛湖；东线：黄石市地质博物馆—矿博园—园博园—黄荆山—大冶湖—棋盘洲—父子山—南岩峰
3	乐购休闲体验之旅	华新水泥文化产业园—东钢工业遗址文化产业园—美尔雅展销中心—中国劲酒公司展销中心—青铜文化小镇—新冠食品—枫林白酒小镇
4	矿冶产业研学之旅	铜绿山古铜矿遗址—中铝华中铜业—中国青铜文化产业园
5	矿冶文化寻根之旅	武汉（汉阳钢铁厂）—鄂州—黄石（大冶铁矿、矿山公园、新冶钢等景点）—大冶（铜绿山古铜矿遗址）—阳新—九江—南昌—宜春—萍乡（安源煤矿）—重庆

资料来源：作者根据相关资料整理。

2. 工业旅游形象主题鲜明

黄石市是华夏青铜文化的发祥地之一，也是近代中国民族工业的摇篮，有3000多年矿冶文化史，黄石城市精神根植于矿冶文化，矿冶工业遗产是矿冶文化精神的载体。矿冶文化精神蕴涵着工业文明的精髓，是黄石市老工业基地独具的城市特质，具有非常重大的旅游利用价值。近年来，黄石市通过旅游宣传和举办国际矿冶文化节，凝练了"中华矿冶文化之都"的城市工业旅游形象主题，树立了工业旅游城市新形象。

3. 工业旅游景区初现规模

黄石市工业旅游景区主要有黄石国家矿山公园和铜绿山古铜矿遗址博物馆，其中，黄石国家矿山公园现为国家4A级旅游景区，是中国首座国家级矿山公园，湖北省继三峡大坝之后第二家"全国工业旅游示范点"。矿山公园的游客量从2006年开园初期的每年2万人次增长到2017年的20万人次左右。铜绿山古铜矿遗址博物馆于1984年12月建成开放，尽管中间曾一度闭馆，但自2009年重新开发至今已积累了不少旅游市场知名度，旅游景区规模初现。

总的来说，黄石市工业旅游景区已具备一定发展规模，但旅游景区还局限于观光和门票经济初级阶段，工业遗产深厚的文化意蕴还只停留在较浅层次的挖掘和利用，尤其在文化内涵的深度挖掘并转换成极具吸引力的旅游产品等方面还很欠缺，旅游产品品位有待提高，高端文化体验旅游产品有待进一步开发和创新。

4. 工业旅游产业基础较好

根据中国地质大学（武汉）旅游发展研究院邓宏兵教授发布的《中国工业旅游发展报告》（2017）显示，在中国城市工业旅游综合竞争力中，黄石以指数值为93.48排名全国第九位。排在之前的城市为北京、上海、深圳、广州、青岛、长春、重庆、唐山。湖北省有黄石市、武汉市、宜昌市、十堰市四座城市上榜，黄石居湖北省首位。这说明黄石市工业旅游产业发展的基础较好，工业旅游已成为促进黄石市老工业基地绿色转型升级、培育增长新动能的重要抓手，也是适应大众旅游时代，推进黄石市"旅游+"和全域旅游的重要内容。特别是黄石市于2017年成功举办了第二届全国工业旅游创新大会之后，工业旅游产业已经成为黄石市老工业基地战略性支柱产业，工业遗产资源获得了政府层面的高度重视和社会层面的广泛关注，工业旅游发展基础进一步得到巩固。

（三）案例透视

透过黄石市的案例分析，总结出如下主要成功经验：

1. 高度的政府重视

作为典型的资源枯竭型城市,黄石市的旅游发展曾一直不愠不火,发展缓慢。但在被评为资源枯竭型城市之后,城市转型迫在眉睫,黄石市市政府开始意识到旅游业对于促进城市的转型是一条可行之路,高度重视发展旅游业,从市政府领导到基层工作人员,从旅游部门到相关部门都不遗余力地为发展旅游业而工作。可以说,正是政府的高度重视,将黄石旅游业推上了快速发展的快车道。

2. 科学的旅游规划

黄石市旅游业发展起步晚,旅游资源开发不成熟,在市政府提出大力开发旅游业的号召之后,各个旅游景区都首先进行了高标准、高规格和高起点的旅游总体规划和旅游详细规划,为旅游景区的建设和发展提供指导,促使旅游景区快速发展。可以说,科学的旅游规划是黄石市旅游业健康发展的先行保障,如《黄石市工业旅游发展规划(2017~2030年)》中建议,在规划近期通过打造六大工业旅游综合项目,扩大黄石市的工业旅游产业集群规模,构建黄石市的工业旅游品牌。如表7-2所示。

表7-2　　黄石市老工业基地近期工业旅游综合项目开发一览表(2018~2022年)

序号	项目名称	项目内容	项目建设目标
1	大冶铁矿东露天采场(即黄石国家矿山公园)工业旅游综合开发项目	以"东方奇观、东方仙境、东方佛国"为主题,整合矿山公园、熊家境以及东方山景区,构建矿山公园—熊家境—东方山的旅游道路体系,将三大片区形成一个整体。利用大冶铁矿矿坑,结合现代光影技术,开展地底探险、采矿体验、山地滑车、矿坑攀岩等旅游体验项目	联合打造国家5A级旅游景区
2	汉冶萍煤铁厂矿旧址(即新冶钢公司)工业旅游综合开发项目	以"怀古寻踪,地学科普"为主题,通过游线与产品设计将汉冶萍煤铁厂矿旧址与西塞山景区进行整合	国家4A级旅游景区

续表

序号	项目名称	项目内容	项目建设目标
3	铜绿山古铜矿遗址（即青铜小镇）工业旅游综合开发项目	以铜绿山古铜矿遗址为核心，在周边地区打造青铜小镇，青铜小镇包含三个部分，即长流港、长流港沿线小镇核心区、世界青铜文化主题湿地公园	国家4A级旅游景区
4	华新水泥厂旧址（即华新水泥厂文化创意产业园）工业旅游综合开发项目	依托华新水泥厂旧址建设湖北水泥遗址博物馆，并以此为契机，对水泥厂旧址外围区域进行环境改造，通过文化创意类项目的设置，打造华新旧址文化创意产业园，形成"文化+科技+创意+旅游"的发展模式，打造中国民族工业特色小镇	国家3A级旅游景区
5	黄石东钢工业遗产文化产业园	依托东钢现存车间厂房、锅炉房、烟囱、高炉、铁路、机车、传送带等设备设施，保留工业遗址原汁原味的同时，创造性融合独特的工业景观，建成集工业博物馆、当代艺术馆、展览厅、制作工坊、影视基地等为一体的工业文化产业园，最终将其打造成为黄石市后工业主题休闲公园、都市文化创业产业园、绿色生态修复示范园	国家3A级旅游景区
6	"流金岁月"小火车观光项目	根据铁路两侧景观，以田园花海、工业记忆、湖底奇观以及城市印象等为主题，设计不同主题景观。换乘站点设计为：设置汉冶萍站、下陆车站、矿山公园站、铜绿山站、华新水泥站以及黄石东站。各个站台根据产业特色和企业文化进行景观主题设计	知名特色工业旅游观光交通游线

资料来源：作者根据相关资料整理。

3. 大力的宣传促销

黄石市一方面通过参加国内外各种旅游交易会、旅游博览会的方式宣传黄石旅游产品，一方面举办国际矿业文化旅游节，加大对黄石市旅游的宣传促销力度。这种"引进来+走出去"的双向旅游宣传促销策略大大提升了黄石旅游的知名度，同时也改变了外界公众对黄石市"光灰城市"的负面印象，重新塑造了黄石城市旅游的新形象。

第三节　典型案例启示

　　通过对国外、国内案例分析的成功经验进行综合比较，分析案例中不同的旅游发展路径，总结案例中旅游业推动资源枯竭型城市转型的共性特征和特色做法。

一、旅游业推动城市转型经验的共性特征

（一）政府主导背后的观念转变

　　从上述四个案例可以发现，政府在资源枯竭型城市旅游发展的过程中扮演了至关重要的角色，渗透在旅游产品开发、旅游产品营销、旅游形象推广、旅游环境建设等各个环节。正是由于政府的强势主导和推动，资源枯竭型城市才能够迅速地整合各方资源并大力发展旅游业。深入研究发现在政府主导、政府高度重视的背后，隐藏着真正的核心因素，即资源枯竭型城市的政府部门从忽视旅游业到重视旅游业的观念转变，这种观念的转变对于正处于转型阶段的资源枯竭型城市或即将进入枯竭期的资源型城市有着重要的借鉴价值和指导意义。因此，资源枯竭型城市一定要树立可以发展旅游，能够发展好旅游，以及做大做强旅游的观念，强化政府主导旅游的作用，号召全民参与旅游业发展事业，唯有这样才能促进资源枯竭型城市的旅游业快速发展，引领城市经济社会的转型。

（二）旅游产品背后的不断创新

根据上述四则案例还可以明确一点，适销对路的旅游产品是资源枯竭型城市旅游持续发展的根本所在，旅游景区是旅游产品的重要组成部分，是吸引游客的核心吸引力。无论是布莱纳文工业遗产旅游景区的开发，还是德国鲁尔工业区的生态工业景观，抑或是焦作市山水文化旅游景观，或是黄石市旅游景区的体制革新和科学规划，都揭示出在不同类型的旅游产品开发的背后都存在着一种坚持不断创新的指导思想。与传统旅游目的地相比，资源枯竭型城市旅游发展处于不利的先天劣势，只有坚持创新，开发自身特色旅游资源，打造新颖高品位的旅游产品，才能在旅游竞争中占得一席之地。

二、旅游业推动城市转型经验的特色做法

除了上述共性特征之外，由于案例城市本身的特性决定了还有其特有的旅游发展路径模式，这些独到之处能够为与之相类似的资源枯竭型城市群体的旅游发展路径提供借鉴和参考。

（一）布莱纳文镇"大遗址保护"的特色做法

由于布莱纳文镇是一个规模较小的资源枯竭型城市，城市建设与矿厂唇齿相依，在大规模开采和长期生产之后，遗留下了空间尺度宽阔的矿山遗迹、体量庞大的机器设备、时代印记浓厚的厂房民居和大量失业的生产工人。正是在这样一种背景下，布莱纳文镇利用这些资源发展起了工业遗产旅游。但极为重要和特色突出的一点是，布莱纳文镇在发展旅游过程中贯彻了"大遗址"保护与开发的理念，对大面积的工业遗产进行保护和科学合理的开发，并制定严格的规章制度。这为那些规模较小或存在成群成片工业遗迹的资源枯竭型城市的旅游发展提供了一种启发思路。

（二）鲁尔工业区"区域统筹发展"的特色做法

鲁尔工业区事实上是由不同的城市所组成的一个区域性的资源枯竭型地区

联盟，其特色在于通过制定区域性的旅游发展计划，统筹开发区域内的工业遗迹资源，根据每个城市的具体情况，结合整体区域的形象，打造各具特色的生态工业以及设计区域性的工业旅游线路。我国东北地区的老工业基地数量较多、类型各异、空间上相对聚集，与鲁尔工业区十分相似。因此这种区域性的旅游发展计划为东北地区的资源枯竭型城市发展旅游提供了很好的启发，即抛弃单打独斗的旅游发展观念，利用同处一个区域的地理优势整合不同城市的特色旅游资源，开发区域旅游线路，打造具有东北特色的区域旅游形象。这样不仅能够避免出现同质化的旅游产品竞争、同类型的旅游形象重叠，还能提升东北地区资源枯竭型城市旅游发展的整体实力，从而推动东北的经济振兴。

(三) 焦作市"大力开发传统旅游资源"的特色做法

焦作市在历史上以煤城著称，经过多年的旅游发展和城市建设，"太极圣地，山水焦作"的城市旅游形象已经深入人心。焦作不仅产煤，还拥有得天独厚的山水自然资源和太极文化积淀，因此焦作市最初并没有大力发展工业遗产旅游，而是把旅游发展的重心放在了更大众化的山水观光传统旅游上，大获成功，进而积极开发太极文化旅游产业和休闲度假旅游，形成旅游产业集群。这种发展思路为那些同样拥有天赋异禀的自然和历史文化旅游资源的资源枯竭型城市提供了启发的样板，即选择更容易被为大众审美所接受的传统观光旅游作为突破口，大力发展旅游业，塑造全新的旅游城市形象，培育旅游产业集群。

(四) 黄石市"旅游规划先行"的特色做法

黄石市旅游业发展起步晚，发展缓慢，景区开发滞后，甚至在被审批为资源枯竭型城市之前，没有一家4A级旅游景区，这在资源枯竭型城市之中具有典型性。但在黄石市政府以转型为契机开始高度重视发展旅游业之后，黄石市首先对全市各类型旅游景区进行体制的革新，并做了科学的旅游规划。这对于类似黄石市这样的旅游晚起步的资源枯竭型城市来说具有重要的启发意义，即旅游开发，规划先行。通过科学的旅游规划指导旅游景区高标准、高品位的开发建设，能够很好地迎合市场需求，避免景区粗糙开发导致的资源浪费。

本 章 小 结

本章选取英国布莱纳文镇、法国鲁尔工业区、河南省焦作市和湖北省黄石市作为研究案例，通过梳理从网络、文献和实地调研等途径所搜集的案例资料，并进行整合和重构，形成具有典型性和代表性的旅游业推动资源枯竭型城市转型发展的案例。然后，通过多点透视，萃取重要信息，从不同角度、不同层面分析每个案例的成功经验。最后，综合比较分析四个案例的成功经验，总结出其中的共性特征和特色做法。其中，共性特征包括政府主导背后的观念转变和旅游产品背后的不断创新思想；特色做法分别是布莱纳文镇的"大遗址"保护与开发、鲁尔工业区的"区域统筹开发"、焦作市的"传统旅游资源开发"和黄石市的"旅游规划先行"的旅游发展模式。

第八章
旅游业推动资源枯竭型城市转型的对策体系研究

在全面扫描转型背景下资源枯竭型城市旅游业发展现状、综合评价旅游业推动资源枯竭型城市转型效率与效果和多点透视旅游业推动资源枯竭型城市转型发展案例的基础上，通过定性与定量分析，明晰了旅游业推动资源枯竭型城市转型发展所存在的问题，评价比较了旅游业推动资源枯竭型城市转型效率与转型效果的差异和影响因素，以及掌握了旅游业推动资源枯竭型城市转型发展可资借鉴的成功经验。在上述基础之上，为了指导资源枯竭型城市加快发展旅游业，更有效地推动城市转型和高质量发展，本章继续深入探讨旅游业推动资源枯竭型城市转型发展的对策体系。

第一节　旅游业推动资源枯竭型城市转型的宏观政策支持

对于大多数资源枯竭型城市来说，旅游业发展尚处于起步阶段，需要良好的环境才能更好地成长，因此应通过国家层面的宏观调控来构建资源枯竭型城市旅游发展的良好环境。这需要加大旅游发展政策支持来引导外部良好环境的形成。

旅游发展政策是国家或地方为促进旅游发展所制定和实施的有关方针政策、法律法规、规章制度和办法措施的总和，不仅是国家或地区促进旅游发展的重要措施和手段，也是国家或地区管理旅游行业的重要政策依据和准则（罗明义，2008）。自改革开放以来，我国旅游业所取得的成绩和发展成效得到了全世界的瞩目，这与我国30年来共出台的80余项与旅游产业相关的大小政策不无密切联系（钟冲，2009），尤其是2013年出台实施的《旅游法》对我国旅游业的规范和长远发展提供了法律的保障。近年来，国家对资源枯竭型城市出台了一系列文件和政策，引导和扶持城市摆脱困境和促进转型，但专门针对其旅游发展的相关政策还鲜见，而国家颁布的旅游政策中也少有与资源枯竭型城市相关的明确内容。直到2012年，国家旅游局将万盛经济技术开发区确立为"国家资源枯竭型城市旅游转型发展试点单位"，并评审通过了《重庆市万盛经济技术开发区资源枯竭城市旅游转型试点区发展规划》（以下简称《规划》），同时将《规划》列为国家旅游局重点支持的项目。这表明在国家层面上对资源枯竭型城市发展旅游促进转型的认可和政策上的支持。显然，从长远来看，为了更大发挥旅游业推动资源枯竭型城市转型发展的作用和效果，还需要从更高层面更大力度地提供旅游发展政策扶持和指导，以促进资源枯竭型城市旅游业快速发展，从而推动城市转型和可持续发展。这主要包括扩大旅游发展政策的优惠幅度、构建旅游发展政策的多级梯度、提高旅游发展政策的瞄准精度。

一、扩大旅游发展政策的优惠幅度

由于先天不足，资源枯竭型城市与传统旅游城市相比，在旅游竞争中处于弱势地位。为了推动资源枯竭型城市旅游发展，促进城市转型，有必要在旅游扶持政策上提高优惠幅度，鼓励资源枯竭型城市地方政府放开手脚，解放思想，大力发展旅游业。在提高旅游政策优惠幅度的方式上可以根据资源枯竭型城市实际情况充分考虑将旅游政策与其他"国字号"政策进行优惠叠加，如西部大开发若干政策、国家振兴东北老工业基地优惠政策、《中共中央国务院关于促进中部地区崛起的若干意见》中系列政策等。

此外，在扩大旅游发展政策优惠幅度的内容上可从以下几个方面进行宏观把控：旅游投资优惠政策、旅游用地优惠政策、旅游税收优惠政策、旅游人才优惠政策、旅游规费优惠政策、旅游融资优惠政策和旅游奖励优惠政策等。

（一）旅游投资优惠政策

在投资主体上，鼓励各类经济体，包括外商在资源枯竭型城市进行旅游项目投资和经营活动，对外资、中外合资或民营资本等出资形式进行投资的旅游开发项目，按照投资金额的大小在供地政策和财政政策上给予不同程度的优惠和倾斜。

同时，对于初次投资的企业在办理各项手续时给予费用减免或优惠，如行政机关办证费、管理费、手续费、登记费等；投资方式上，实行单一投资方式、混合投资方式等，国家根据投资方式的具体情况给予一定的补贴或参股，扩大城市旅游投入规模，促进城市旅游发展效率提高；投资保障上，在投资项目审批上做到高效率完成手续办理，如投资项目涉及国家相关部门的审批时，相关部门可以为项目审批提供绿色通道，加快旅游投资项目的运作。对于大型、重点和跨区域旅游投资项目，资源枯竭型城市可采取一事一议、特事特办的方式办理，为投资者提供优质服务。

（二）旅游用地优惠政策

为了充分激活资源枯竭型城市的荒山、荒地、废弃矿山、工业废料堆放地等非优用地的利用效率和潜在价值，在旅游开发上给予土地出让金减免、延长土地使用年限或者无偿使用等优惠政策，并根据资源枯竭型城市具体情况制定最大化的用地优惠政策。此外，对于按出让方式取得土地使用权的企业或经营者，足额缴纳土地出让金后，在保证旅游用地性质不变的前提下，可依法转让、出租或抵押。在年度土地利用计划和城乡土地利用总体规划中，优先安排旅游开发建设用地。

（三）旅游税收优惠政策

在旅游税收优惠政策上，通过免征、少征和先征后返等多种税收优惠政策方式来支持资源枯竭型城市旅游业发展。在出口退税方面，对企业自营或委托出口的旅游制品可在报关出口并在财务上作销售核算后，凭有关凭证经所在地国税机关批准退还或免征其增值税、消费税。对于新办的从事旅游业的企业或经营单位，在房产税、车船税（购买纳税标志费用除外）、土地使用税、印花税（账本贴花除外）等方面给予优惠。

（四）旅游人才优惠政策

在旅游人才优惠政策上，为了缓解资源枯竭型城市下岗失业问题，对吸纳下岗失业人员的旅游企业在社会保险费缴纳、员工上岗培训、营业税减免等方面提供补贴或返点等优惠政策。

（五）旅游规费优惠政策

在旅游规费优惠政策上，根据资源枯竭型城市旅游企业规模和性质，分别在行政事业性收费、基础设施配套费、用水用电等方面给予一定优惠。

(六) 旅游融资优惠政策

在旅游融资优惠政策上，国家在资源枯竭型城市旅游开发融资方面应给予较多的优惠政策。如各银行业金融机构要积极开发和推广适应资源枯竭型城市旅游业发展需要的个性化金融产品，允许旅游景区、星级饭店、旅行社等旅游企业探索以特许、营运、收费等经营权和股权抵押贷款方式进行融资。建立健全旅游企业担保体系及运行模式，逐步加大对旅游企业的信贷支持力度，加大对符合条件的重点旅游企业的授信额。国家财政对用于旅游重点建设项目、旅游基础设施建设等数额较大的贷款，给予一定的贷款贴息补助。国家金融部门要加大对旅游开发的信贷投入，多方筹措资金，扩大信贷规模，积极支持旅游产业的发展。

(七) 旅游奖励优惠政策

在旅游奖励优惠政策上，对于旅游发展促进转型效果良好的资源枯竭型城市应给予旅游奖励的优惠政策。如增加旅游专项经费奖励补助、扶持举办大型旅游节庆活动、划拨旅游发展基金等。

二、构建旅游发展政策的多级梯度

资源枯竭型城市在我国的东部、中部、西部和东北地区都有分布，地域之间的经济社会发展水平有所差别，因此需要根据旅游推动资源枯竭型城市转型的效率水平和增速，构建多级梯度的旅游发展政策，实行分级扶持体系。这样做的目的是能够更有针对性和目标性地指导资源枯竭型城市根据实际情况有效地利用旅游政策，实现旅游发展政策效果的最大化。

在制定政策梯度上，可根据旅游业推动资源枯竭型城市转型效率的综合评价结果，将旅游业推动资源枯竭型城市的转型效率分为强力型（效率高、增速快）、潜力型（效率低、增速快）、乏力型（效率低、增速慢）和稳力型（效率高、增速慢）四个阶段，针对处于不同阶段的城市提供不同的旅游政策。如针对乏力型的城市，赋予其更多更大的旅游政策优惠的幅度；对处于强力型的城市，由于其旅游业已进入了发展轨道，则给予更加开放和自由度的政策，放开行政区划间的束缚，给旅游业更大的发展空间，适时打造旅游特区，强化城市旅游品牌。

三、提高旅游发展政策的瞄准精度

近年来，国务院及相关部委已出台了多个加快旅游业快速发展的相关政策，特别是近年来出台的《关于加快旅游业发展的若干意见》（2009）、《关于促进旅游业改革发展的若干意见》（2015）、《关于支持旅游业发展用地政策的意见》（2015）、《关于促进全域旅游发展的指导意见》（2018）和《关于促进旅游演艺发展的指导意见》（2019）等系列文件，大大推进了我国旅游业的高速发展。但是涉及资源枯竭型城市发展的针对性旅游发展政策还比较少，更没有专门适用于资源枯竭型城市旅游发展的专项旅游政策，从这个意义上来说，旅游发展政策的瞄准精度还不够有针对性和目标性。

因此，需要提高旅游发展政策瞄准的精度，针对资源枯竭型城市这类城市群体量身定制旅游专项政策，在国家层面给予更多的扶持和优惠待遇，如针对资源枯竭型城市申报5A级和4A级景区、针对资源枯竭型城市的工业遗迹申报国家文化遗产乃至世界工业遗产给予政策倾斜和支持等。只有这样才能推进资源枯竭型城市旅游业发展飞跃提速，优化产业结构，促进转型发展。

第二节　旅游业推动资源枯竭型城市转型的中观主体协同

从中观主体协同层面上来讲，资源枯竭型城市地方政府和所在省级政府应该根据国家宏观旅游政策出台相应的实施办法，保障政策的有效执行。除此之外，还要通过资源枯竭型城市的地方中观层面来凝聚旅游发展的强劲动力。作为资源枯竭型城市旅游发展的主体和参与者，即城市所在的省、市级政府、社会公众、市场主体应该增强旅游发展的意识，三力合一共同推动资源枯竭型城市的旅游开发和发展。这主要包括政府部门的全域主导意识、社会公众的全民参与意识、市场主体的全面创新意识。

一、树立政府部门的全域主导意识

从案例透视可以看出，政府的高度重视和强势主导在旅游业推动资源枯竭型城市转型发展过程中起到了至关重要的作用。然而从综合评价结果中可以窥出，对于绝大多数资源枯竭型城市来说，旅游业还未得到足够充分的重视，旅游推动城市转型效率相对于焦作市、韶关市和枣庄市等将旅游业视为战略性支柱产业的城市相比还较低。因此，只有强化资源枯竭型城市政府部门发展旅游的全域主导意识，才能发挥出政府主导的作用，才能更充分和主动地利用国家相关政策进行旅游产业发展。

树立全域主导意识就是要求政府部门将旅游业发展摆在重要突出的位置，转变政府各部门独立为政的"小我"观念，强化"大旅游"观念，整合城市各部门资源共同为发展旅游业服务；

树立全域主导意识就是要求政府部门能够将旅游业发展列为一项长期的战略任务，进行科学合理的旅游发展战略规划，避免朝令夕改式的旅游发展规划和旅游政绩工程；

树立全域主导意识就是要求政府部门深入旅游业发展实际，摸清旅游发展所处阶段，脚踏实地地推动旅游业发展；

树立全域主导意识就是要求政府部门树立服务型政府形象，增强旅游服务意识，提高工作效率，为旅游企业发展提供便利行政服务和相应的政策支持。

二、提升社会公众的全面参与意识

热情好客的城市旅游氛围是旅游者美好旅游体验感知的重要组成部分，也是旅游业发展的温床。旅游业的繁荣发展不仅仅是政府部门的事，还与城市所有居民的支持紧密相连，社会公众的一个热情的微笑或一个粗俗的言行都会影响到旅游者对城市整体形象的感知。

良好旅游氛围的营造离不开社会公众的积极参与，如若社会公众对于城市旅游发展漠不关心，则不会主动去参与城市旅游节庆、景区宣传等活动，甚至可能由于利益冲突，会出现排斥抵触情绪，造成不良的社会影响，破坏了城市旅游业的氛围和形象。对于资源枯竭型城市来说，虽然发展旅游业是一项促进地方经济社会发展的优选途径，但若没有广大地方公众的积极参与，则难成气候。

因此，必须提升社会公众的全民参与意识，使他们成为维护城市旅游形象的中坚力量。同时让旅游业发展成为能够惠及资源枯竭型城市社会公众的一项民生工程，但要注意的是，提升社会公众的全民参与意识不能变成将参与旅游发展意识强加给公众。换言之，在发展旅游业过程中，资源枯竭型城市地方政府一方面要做到让社区居民分享到旅游发展的利益，让其主动参与到旅游业发展过程中。如旅游景区内的原著居民、工业遗址保护范围内的拟拆迁居民等。如不处理好这些关系，既会造成不良的社会影响，同时也会阻碍旅游业的健康发展。另一方面要通过各种宣传活动来提高公众的关注度和调动公众参与旅游业发展的积极性，培养公众的主人翁精神，从而提升社会公众的全民参与意识，主动热情地关注城市旅游业的发展动态，树立热心服务的意识，如可通过旅游节庆、旅游有奖竞猜、旅游好市民评选等参与性活动调动社会公众的积极性。

三、强化市场主体的全面创新意识

旅游业的三大核心企业包括旅行社、酒店和旅游景区，是旅游业发展的重要市场主体。换言之，旅行社、酒店和旅游景区经营的好坏直接关系到资源枯竭型城市旅游业的发展水平。在进入信息化时代之后，旅游市场竞争异常激烈，旅游者对旅游产品服务质量的要求越来越高。因此，只有不断创新旅游产品开发和服务方式，才能吸引游客、留住游客。

资源枯竭型城市旅游企业普遍规模不大，且经营方式和经营理念与传统旅游城市的同类企业相比还有很大差距，这也是制约旅游业发展的一个重要原因。因此必须强化市场主体的全面创新意识，学习和借鉴旅游发达地区或先进旅游企业在产品开发、服务规范、经营方式等方面的成功经验。

第三节 旅游业推动资源枯竭型城市转型的微观举措实施

尽管目前有些资源枯竭型城市已经探索出了成功经验，但对于大多数资源枯竭型城市来说，其旅游发展路径和开发方式还处于模仿的阶段，旅游业潜在的效能还没有充分地挖掘出来。为了提高旅游业推动资源枯竭型城市转型效率和效果，提升旅游竞争力，促进城市可持续转型发展，必须从微观操作层面来创新旅游开发举措，本书提出"五化"举措来综合治理旅游业推动资源枯竭型城市转型发展问题，从而达到可持续促进资源枯竭型城市转型和城市高质量发展。"五化"举措包括活化旅游资源、优化旅游产品、美化旅游形象、孵化旅游产业和强化旅游品牌。

一、活化旅游资源，重启转型发展的经济动力源

通过活化旅游资源，帮助资源枯竭型城市树立新的资源开发观，并指导其如何有效利用潜在资源和存量资源，为旅游业发展奠定厚实基础，重启资源枯竭型城市转型发展的经济动力源。

（一）旅游资源活化理念

1. 开拓旅游资源新视野

开拓旅游资源新视野是活化的前提。传统旅游观点下的资源枯竭型城市并

非旅游资源富集区和优选旅游目的地，这种传统定式思维无疑桎梏了资源枯竭型城市旅游业发展的思路。旅游资源是发展旅游业的基础和先决条件，因此资源枯竭型城市必须重新审视"资源"的概念，不能把眼光局限在其日益枯竭的主导资源上，而是要开阔视野并且深入挖掘资源枯竭型城市旅游资源。

开拓新视野首先要走出传统误区。资源枯竭型城市并非旅游资源匮乏，而是在长期的工业主导模式下旅游业发展未得到足够重视，导致旅游资源开发观念的落后，才形成了资源枯竭型城市旅游资源匮乏的误区。其次要转变传统认识。资源枯竭型城市除了拥有传统意义上的旅游资源之外，其历史发展遗留下的工业遗迹、矿冶文化、塌陷地、废弃矿区等城市伴生物也应当被看成是旅游资源进行开发。在传统审美观下，资源枯竭型城市的工业遗存物并不具有旅游吸引力，甚至与传统旅游认知相悖。然而随着经济社会的发展，旅游需求也呈现出多样性的特点，人们对旅游的理解已不再局限于传统审美下的自然景观、人文胜迹等形式。那些斑驳锈迹的工厂设备、大型矿坑等资源通过景观式梳理的方式能够重新唤醒人们对过去岁月的怀旧或者帮助人们认识工业文明最初的样子。

2. 梳理旅游资源新谱系

梳理旅游资源新谱系是活化的基础。资源枯竭型城市由于长期处于工业主导的发展模式下，对旅游业的发展不够重视，并没有对本身所具有的旅游资源进行深入的调查和摸底，旅游资源谱系还不够完善，一定程度上制约了旅游资源的开发。因此，有必要梳理资源枯竭型城市旅游资源新谱系，摸清旅游资源类型及数量，建立旅游资源项目库，以利于开发。

3. 挖掘旅游资源新内涵

挖掘旅游资源新内涵是活化的本质。激烈的市场竞争和多样性的旅游需求对资源枯竭型城市发展旅游业提出了更高的要求。资源枯竭型城市旅游资源活化不仅需要开拓旅游资源视野，更重要的是要挖掘出旅游资源新内涵。

挖掘新内涵首先要深入探索旅游资源表层特征下的文化内核及关联域。其次根据旅游市场需求和周边城市旅游定位来判别需要重点开发的旅游资源以及重点打造的旅游产品，以适应市场的需求和走差异化竞争道路。最后还要善于将不同旅游资源的内涵文化进行联合开发，采用混搭、嫁接、融合等方式来创造新的文化内涵，从而创新旅游产品，吸引旅游者。例如，可通过深入挖掘资源枯竭型城市独有的历史背景、工业文化积淀和工业遗迹景观等相对独特性资源的内涵,另一方面将之与其他旅游资源进行整合嫁接,运用高科技将不同类型的旅游资源进行联合开发,挖掘资源枯竭型城市旅游资源新内涵和新价值。

4. 找准旅游资源新卖点

找准旅游资源新卖点是活化的关键。由于大多数资源枯竭型城市发展旅游业起步晚,发展基础薄弱,若想在激烈的城市旅游市场竞争中分得"一杯羹"和重塑自身旅游形象,必须打造具有市场冲击力和吸引力的旅游产品,相对于周边城市旅游业发展要走差异化道路,因此需要找准资源枯竭型城市旅游资源的新卖点,而不是固守传统观点下的旅游资源开发套路和旧模式。

找准新卖点首先要结合市场需求和竞争环境,分析旅游资源特色与市场需求相互契合的共鸣点,其次要从中选择易于开发成具有市场冲击力和引爆点的旅游产品,通过营销策划,引爆旅游市场,形成轰动效应和眼球效应。此外,旅游者需求是不断变化的,这就需要资源枯竭型城市不断创新旅游资源新卖点,不断地进行旅游产品创新,延长资源枯竭型城市旅游产业发展的生命周期,避免因旅游产品老化而出现再次"资源枯竭"。

(二) 旅游资源活化方式

如前所述,资源枯竭型城市不能被简单地扣上旅游资源匮乏的帽子,恰恰相反,通过旅游资源活化可以帮助资源枯竭型城市认清旅游资源的富存状况、挖掘出优秀旅游资源和促进城市旅游发展。旅游资源活化一方面要激活棕地的潜在效益,提升工业遗产旅游产品吸引力;另一方面要盘活存量旅游资源,改善城市整体旅游环境。

1. 激活棕地潜在效益,提升工业遗产旅游产品吸引力

棕地是那些由于之前土地使用者带来不良影响,已经受到或将要受到污染的土地,包括被废弃或仍在使用的(张琳等,2012)。由于矿产开采和工业开发而遗留下来的大量棕地如今成了资源枯竭型城市可持续发展的拦路虎,国内外大量实践证明了通过旅游与景观开发能够实现棕地的激活再利用。从旅游的视角出发,这些棕地可被认为是资源枯竭型城市的潜在旅游资源,即那些在传统观点下不具有旅游吸引物特征,但经过改造、修复等方式能够进行旅游开发的事物。激活棕地潜在效益包括两个方面,一方面激活资源枯竭型城市工业遗产

资源的旅游功能，开发工业遗产旅游相关产品；另一方面激活资源枯竭型城市受损的生态环境，将城市中废弃的塌陷区、煤矸山、受污染的山体和水体等被破坏的生态环境进行修复，使之形成青山、绿水与田园，把自然引入城市，重现山清水秀新颜。在激活工业遗迹资源的旅游功能上，应注重旅游开发和产品升级，使传统审美下的"破铜烂铁"活化为旅游开发的"金山银山"。

例如，黄石市以大遗址开发模式激活铜绿山古铜矿潜在旅游资源，提升文化旅游产品品位。铜绿山古铜矿遗址距今3000多年，开采年代始于殷商，经西周春秋战国一直延续到西汉，是我国迄今发现的古矿遗址中年代久远、生产时间最长、规模最大的一处古矿遗址。世界著名冶金史专家美国哈佛大学教授麦丁先生在考察铜绿山遗址后说"在世界其他地方看了许多古代采冶遗物，铜绿山是第一流的"。可见，铜绿山古铜矿遗址旅游资源等级相当高，旅游开发潜力巨大。由于铜绿山古铜矿遗址位于黄石大冶市城郊的特殊地理位置，宜采用"大遗址"的开发模式进行旅游开发，激活古铜矿遗址的潜在综合效益。首先要将古铜矿遗址连同周边村庄环境进行统一规划与保护，积极申报世界文化遗产，扩大国际影响力，同时，通过建设世界青铜文化博物馆、国家古铜矿遗址公园、地下千年遗址探秘、古铜矿新农村体验、城郊大遗址休闲度假游等旅游产品来提高古铜矿遗址文化旅游产品的品位。此外，黄石市将市域内的大冶铁矿、华新水泥百年老厂旧址等工业遗产旅游资源整体打包申报世界工业遗产，开发具有黄石市特色的工业遗产旅游产品，成为城市旅游形象的新名片，提升工业遗产旅游产品吸引力。

2. 盘活存量旅游资源，改善城市整体旅游环境

存量旅游资源是指在工业主导的时代背景下未能引起重视，有的甚至因妨碍工业发展而遭到不同程度破坏的自然山水、人文古迹等传统旅游资源。资源枯竭型城市的存量旅游资源一直存在却未得到充分利用开发，通过生态环境修复，资源枯竭型城市所面临的空气污染、水体污染、固体废弃物等环境问题将会得到极大的解决，曾经被忽视或遭到破坏的旅游资源才可以重新焕发光彩。

事实上，大多数旅游资源枯竭型城市的存量旅游资源具有相当的吸引力，且不少城市对存量资源进行了很好的开发，打造出较高的知名度。如焦作市的云台山、韶关市的丹霞山、枣庄市的台儿庄等。因此盘活资源枯竭型城市现有存量旅游资源对于促进旅游业发展具有重要的推动作用，转变旅

资源的存量为旅游经济的增量，同时与潜在旅游资源进行整合开发，打造资源枯竭型城市特色旅游产品，在区域旅游竞争中树立鲜明的形象并提高市场辨识度。

二、优化旅游产品，重育转型发展的消费增长点

资源枯竭型城市旅游发展起步较晚，在日益激烈的旅游市场竞争中，要想占得一席之地并出奇制胜，唯有依靠打造特色旅游产品和不断进行旅游产品创新。但凡旅游产品都有其一定的生命周期，只有不断优化旅游产品才能为资源枯竭型城市旅游业可持续发展提供源源动力，为树立城市旅游形象提供有力保障。资源枯竭型城市旅游产品的优化必须在旅游产品结构、旅游产品内涵和旅游产品体系三个方面进行创新，力求旅游产品结构丰富合理、旅游产品内涵深入有趣、旅游产品体系丰富完善，进而重育资源枯竭型城市转型发展的新兴消费增长点。

（一）合理调整旅游产品结构

旅游者的消费需求呈现精致化多样化的发展趋势，消费能力则涵盖了高中低等多个消费档次。因此城市旅游产品结构应该能够满足不同类型不同层次的消费者的各种需求。资源枯竭型城市应当根据自身所处的旅游发展阶段和旅游发展效率水平来合理调整旅游产品结构，使其与城市旅游发展水平相耦合。处理好高端、中端和低端旅游产品的比例关系，以及龙头旅游产品和大众旅游产品之间比例的关系。

（二）深入挖掘旅游产品内涵

优化创新是旅游产品延长生命周期和提高竞争力的关键所在。优化创新必须要深入挖掘旅游产品的文化内涵，提高旅游产品的科技含量，以满足旅游者"新、奇、异"的多层次多样性的旅游需求。深入挖掘旅游产品内涵就是不断提高旅游产品文化附加值的过程，包括提升文化品位、加强文化融合和凝练文化特色等方面。

1. 提升城市文化品位

在旅游产品内涵挖掘上，资源枯竭型城市要以提升文化品位为根本目的。资源枯竭型城市旅游产品文化品位的提升应该贯穿旅游产品生产的各个环节，如导游人员解说上注意结合地方文化传统、旅游景区体验活动突出文化元素等。

2. 加强异质文化融合

在旅游产品内涵挖掘上，资源枯竭型城市可以通过将不同类型、不同风格、不同时期、不同行业和不同产业的异质文化要素进行相互融合，创造新的文化形态，开发出包含多种文化元素符号的旅游产品。

3. 凝练地方文化特色

资源枯竭型城市在旅游产品内涵挖掘上，要以凝练地方文化特色为宗旨。地方文化是旅游产品的灵魂和生命力，没有地方文化特色的旅游产品是不会受到旅游者的长久青睐，且容易被淘汰和遗忘。通过分析资源枯竭型城市的地方特色文化资源，结合市场需求和竞争对手定位情况，筛选出能够代表本城市特色的文化元素，从而凝练成属于自己的文化特色，并在旅游产品开发上进行体现和张扬，将其打造旅游产品核心竞争力。

（三）完善丰富旅游产品体系

现状分析中某些资源枯竭型城市的旅游产品老旧，景区硬件设施落后，缺乏适应新兴市场需求的旅游产品，致使旅游产品体系单薄陈旧，无法适应激烈的市场竞争。根据旅游业推动城市转型效率研究结果可知，技术进步在旅游业推动资源枯竭型城市转型中发挥了巨大作用。因此，要在现有旅游产品的基础上，提升文化内涵和科技含量，通过技术创新和管理模式创新来不断开发新兴旅游产品，打造体验性、趣味性、娱乐性强的专项旅游产品，完善丰富旅游产品体系。

三、美化旅游形象，重塑转型发展的社会软环境

通过美化旅游形象，促使资源枯竭型城市扭转负面的城市旧形象，改善资

源枯竭型城市的对外形象,提升资源枯竭型城市软实力,从而扩大城市知名度,促进旅游发展,重塑资源枯竭型城市转型发展的社会软环境。

(一) 美化旅游形象必要性

城市旅游形象是吸引旅游者的重要因素,旅游形象的推动效应对城市旅游发展起着关键作用。而资源枯竭型城市一直以来给外界的印象缺乏良好的审美感知,很难激起旅游者的出游兴奋点和意愿。此外,缺乏良好的外界形象也难以引来投资商的青睐,对城市招商引资也会造成一定的负面影响。因此,美化资源枯竭型城市旅游形象对于改善外界认知,推动资源枯竭型城市转型发展十分必要。

1. 美化旅游形象是扭转负面形象的必要举措

由于长期矿产资源的粗放型开发,生产与废物处理技术相对落后及环境保护意识不强,使得资源枯竭型城市生态环境问题日益严重,如大气环境和水环境污染、土地塌陷、工业固体废弃物再次污染及生态多样性破坏等问题。此外,资源枯竭型城市常常与采煤、冶金、化工、采油等工业生产活动相联系,由于原有的城市功能属性所导致的旅游负面形象与旅游者的心理感应不相适应,给旅游业的发展带来了一定的负面影响(章锦河和陆林,2001),让人联想到的多为"重工业城市""污染严重""光灰城市"等印象。如黄石市是全国重要的重工业基地,曾被誉为武汉钢铁厂的"粮仓"。烟囱曾是黄石市生产繁忙、经济繁荣的标志,"烟囱经济"也曾一度为黄石市经济的代名词。20世纪70年代,黄石市区每月每平方公里的降尘量高达90多吨,城市空气污染严重,被人们戏称为"光灰城市"。长期以来这种戏称久而久之被媒体的报道及黄石市市民、来过黄石市的外地人的口口相传而逐渐沉淀为一种负面的固有形象。负面的城市形象让旅游者望而却步,给资源枯竭型城市贴上了一个不宜旅游的城市标签,成为城市旅游发展的"紧箍咒"。

因此,要想扭转根深蒂固的负面形象,必须根除城市污染源,重视资源枯竭型城市旅游形象的重塑与美化。在海内外旅游市场上树立全新的旅游形象,以改变城市内外公众、旅游者对资源枯竭型城市陈旧的看法和认知,并通过口碑传播效应来颠覆根深蒂固的消极评价结论,消除负面形象,避免负面形象感知影响和干扰游客对旅游目的地的出行决策,为城市旅游业健康发展和城市转型创造良好的社会软环境。

2. 美化旅游形象是振奋市民精神的必要引擎

由于长期的工业主导模式，资源枯竭型城市大多公众的工作都是与矿业生产相关，普遍认为他们所熟悉的工厂、矿山和机器等这些事物无法与旅游联系起来，他们对城市发展旅游业缺乏认知和信心。资源枯竭型城市的居民由于受传统观念影响，对发展旅游及如何发展旅游等问题的认知都不够清楚。

究其原因，是由于资源枯竭型城市市民缺乏对城市的认同感和归属感，因而导致城市自豪感的缺失，由此产生了"主人翁"意识淡漠，对城市旅游发展关注甚少，普遍存在着"集体无意识"心态。美化旅游形象一方面能够唤醒并激活长期积淀在人的大脑组织结构之中的"集体无意识"，改变固有的认知；另一方面由于新形象的市场吸引力和感召力，越来越多的旅游者将会前来旅游，加之媒体对城市正面形象的广泛宣传，这些无疑能够振奋市民的精神，唤起市民的城市自豪感，积极参与资源枯竭型城市旅游发展建设，营造更加和谐健康的旅游氛围。因此，美化旅游形象是振奋市民精神的必要引擎。

3. 美化旅游形象是壮大旅游基础的必须条件

虽然"德国鲁尔区模式""河南焦作市模式"等旅游发展模式已为很多资源枯竭型城市发展旅游业提供了丰富的借鉴经验，但国内大部分资源枯竭型城市旅游业起步晚、发展基础差是不争的事实，旅游形象定位能够使定位对象攀上存在于消费者心中的形象阶梯（李蕾蕾，1995），只有通过旅游形象重塑与美化才能改善旧的负面形象，加快资源枯竭型城市发展旅游业的基础建设步伐，在旅游市场竞争中提高核心竞争力，提升城市知名度。这样既能吸引各地旅游者，促进旅游业发展，同时，良好的城市形象能够吸引外来投资，推动城市旅游基础建设。因此美化旅游形象是壮大城市旅游基础的必须条件。

（二）美化旅游形象的途径

1. 以城市形象重塑为核心

资源枯竭型城市长期以来给公众的印象就是重工业地区、环境污染严重、社会秩序混乱等负面形象。若要改变根深蒂固的负面形象，美化城市旅游形象，就要重新塑造积极健康的城市形象，找准城市形象的新定位。资源枯竭型城市新形象的塑造包含了三条可能的途径。

一是不摒弃原有工业城市的形象，从环境整治入手，结合工业遗产旅游来打造工业旅游城市形象。例如，黄石市是华夏青铜文化的发祥地之一，也是近代中国民族工业的摇篮，有3000多年的矿冶文化史，矿冶文化遗产具有非常重大的旅游利用价值。近年来，黄石市通过旅游宣传和举办国际矿冶文化节，树立了"中华矿冶文化之都"的城市新形象，树立了工业旅游城市新形象。

二是保留部分工业城市的形象特征，并开发新的旅游元素，走多元化发展的道路，其塑造的城市形象应是新型多功能工业旅游城市。

三是逐渐弱化工业城市形象，强化传统审美旅游形象，进行脱胎换骨式形象塑造。例如，拥有自然山水美景和太极文化的焦作市就是属于该模式，焦作市在城市形象上完全褪去煤炭工业城市的原色，大力包装和宣扬"山水焦作、文化焦作"的城市旅游形象，取得了非常大的成功。

不管何种重塑定位方向的方法，都要凝练出自身的特色文化，并明确该特色文化在城市转型发展中的重要战略地位。旅游形象美化要以重塑特色文化为核心，充分挖掘特色文化内涵，凸显特色文化的核心价值，通过创意手段将特色文化符号附着于旅游产品，使其成为资源枯竭型城市具有独特性和核心竞争力的形象地标，实现资源优势向经济优势的转化。

2. 以城市功能转型为突破

美化旅游形象要以城市功能转型作为突破口。资源枯竭型城市的城市服务功能缺失是资源枯竭型城市转型中面临的困境之一。在明确城市旅游形象重塑定位的方向之后，通过改善城市环境，将废弃的工业区改造成公共游憩空间，将城市的空间结构以围绕工业发展为导向转变为以现代服务业为主体功能，优化资源枯竭型城市的空间格局，使城市生活空间向休闲生活转变，全面提升资源枯竭型城市的旅游形象品位。

3. 以城市生态环境为依托

美化旅游形象要以城市生态环境为依托。游客对城市旅游形象的感知有很大一部分是来源于对城市的市容市貌、城市景观、城市空气质量、城市街道绿化等城市生态环境的视觉、触觉和嗅觉的直接感受。转型背景下资源枯竭型城市应逐步治理过去因重工业而造成的环境污染问题，改善城市空气质量和水环境质量，创造一个宜人的生态环境，为美化城市旅游形象提供良好的生态底色。美化旅游形象以特色文化底蕴＋自然生态环境为依托，形成旅游发展城市的新格局。

4. 以创新旅游产品为支撑

美化旅游形象要以创新旅游产品为支撑。美化旅游形象不是空泛的概念和空中楼阁式的畅想，需要通过创新旅游产品来丰富旅游者的体验效果和提高满意度，从而强化旅游形象的感知，进而起到城市旅游形象美化的作用。围绕重新塑造的旅游形象定位，结合市场需求开发适销对路的旅游产品。例如，黄石市为培育矿冶文化旅游目的地品牌，从整体上创意打造全国第一的矿冶文化生态博物馆，将铜绿山古铜矿遗址（国家考古遗址工业园）、黄石国家矿山公园、汉冶萍煤铁厂矿旧址和黄石水泥遗址博物馆等记忆传统矿冶生产、矿冶工业文明的遗产景观，有机地整合于黄石矿冶文化生态博物馆，创新策划具有吸引力的科普教育、考察探奇、文化体验、休闲游乐等满足旅游消费者需求的旅游产品，全方位体现矿冶物态文化、矿冶制度文化、矿冶行为文化、矿冶心态文化以及孕育矿冶文明的生态环境。

（三）建立旅游形象美化的长效机制

1. 建立旅游资源的长久保护机制

资源枯竭型城市的工业遗产资源和山水文化资源是美化旅游形象的核心和重要依托，倘若遭到破坏，势必会导致城市旅游形象美化的失败。如黄石市铜绿山古铜矿遗址曾由于受到非法开采等多种原因，遗址本身及保护范围内的地面出现大量裂缝，濒临垮塌。2006年从候选了十年的《世界文化遗产》预备清单中被撤了下来，在社会上造成了十分恶劣的负面影响，严重损毁了黄石市城市形象。值得庆幸的是，黄石市从2009年开始对该遗址进行修复和全面规划，遗址博物馆重新对外开放。

对于资源枯竭型城市来说，其工业遗产资源具有区域独特性和开发价值，必须按照《世界遗产公约》及相关遗产保护的法规要求，全方位保护工业文化物质遗产和非物质文化遗产，形成原真性保护—合理性利用—科学性运作—高效性保护的良性循环。同时对于其他类型的旅游资源，也要平衡好保护与开发之间的矛盾关系，合理开发，科学利用，进一步提高全民自觉保护意识，建立旅游资源长久保护机制。

2. 建立旅游产品的长效创新机制

旅游形象重塑要根据市场需求的变化及时调整旅游形象所依附的载体，而作为资源枯竭型城市旅游形象重塑的重要支撑——旅游产品，应该根据市场需求不断更新和升级，从而保证城市旅游形象美化重塑效果的稳定性。因此需要建立旅游产品的长效创新机制。

旅游产品创新可分为产品结构创新、产品类型创新、产品功能创新、产品主题创新和产品技术创新等。如针对矿冶文化体验型旅游产品创新，应充分利用现代高科技手段模拟展现矿物冶炼过程，或开发引导游客"穿越"矿冶文化时空探秘等项目，通过旅游产品的技术创新增强体验效果。

3. 建立旅游市场的长期推广机制

旅游形象美化与重塑效果的显现是一个长期的过程，需要通过持续不断的形象推广来反复强化旅游市场认知。必须建立旅游市场的长期推广机制，确保资源枯竭型城市旅游形象的美化效果的持续性。

为此，资源枯竭型城市可采取政府引导＋旅游企业参与的模式，采取旅游形象广告、口碑传播及网络推广等营销策略。同时，政府可成立旅游形象推广中心，下拨旅游促销专项经费，每年定期在主要客源市场进行旅游促销和形象宣传，积极参加国内外大型旅游交易会、博览会等；旅游企业可利用自身业务关系与客源市场旅游企业进行对接联动，扩展宣传城市旅游形象渠道，同时积极参与及配合市政府组织的各种旅游促销活动，从而形成资源枯竭型城市旅游形象推广合力。

四、孵化旅游产业，重构转型发展的产业新格局

目前，对于大部分资源枯竭型城市来说，旅游产业规模有限，更遑论旅游产业集群效应的发挥。为了进一步提升旅游业推动资源枯竭型城市转型效率和效果，应结合城市发展实际情况，打造旅游产业孵化器，培育资源枯竭型城市的特色旅游产业集群，将旅游业做大做强，重构资源枯竭型城市转型发展的产业新格局，加快城市转型升级。

（一）延长旅游产业链条

绝大部分资源枯竭型城市旅游产业仍处于发展初期，旅游产业规模较小，关联带动效应还未得以充分发挥。这主要是由于目前资源枯竭型城市旅游产业仅仅包括核心旅游企业，旅游产业链条上的增值环节较少，产业链价值挖掘还不够。因此，延长旅游产业链条，推进旅游二次消费，在"吃、住、行、游、购、娱"六大环节中谋求旅游经济的综合效益。

（二）孵育旅游产业集群

旅游产业集群是指在相邻的地理区域内，以旅游吸引物为核心，各旅游行业及相关辅助企业以共同性和互补性所形成的产业集群，是大量与旅游者的旅游行为联系密切的行业或企业以及相关的支撑机构在空间上的集聚，并由此形成旅游产业核心竞争力和持续优势的一种现象。由于资源枯竭型城市旅游业发展起步晚，旅游企业抱团发展的意识不强，发展旅游产业集群的基础较为薄弱，制约了旅游产业的快速发展。根据产业经济学相关理论，资源枯竭型城市旅游发展必须通过转变观念、完善制度和创新技术进行旅游产业集群的孵育，促进旅游产业集聚，才能逐渐增强资源枯竭型城市旅游竞争力。

转变观念：旅游企业应该转变观念，由单纯的竞争关系转向合作共赢，同时资源枯竭型城市地方政府应适时制定相关产业政策，引导旅游企业抱团发展，并为其提供产业集群的发展空间，促进旅游产业集群的孵化。

技术创新：旅游业推动资源枯竭型城市转型效率很大一部分受制于技术创新能力不强，虽然旅游发展总体上呈不断上升的趋势，但是发展的质量和效率还不够高。这是由于旅游技术基础薄弱，投入较少，高新技术介入旅游产业的程度较低，对旅游产业结构升级转换的推动作用不强。孵育旅游产业集群能够为旅游产业的技术创新提供支撑和研发的有利条件，加速提升旅游产品科技含量，加快旅游产业经营的信息化建设。如旅游产业应在行业内部积极推进高新技术的引进和改造，并积极联合计算机、电子等行业，运用"智慧旅游""云旅游"的先进理念积极开发酒店计算机预订系统、城市旅游信息发布和咨询系统、景区智能管理系统以及银行结算系统等各种服务于旅游行业的信息管理系统并形成体系，从而提高旅游产品的信息含量、科技含量，以适应信息化时代背景下旅游行业升级转变的行业转变要求和新型旅游者的需求。

(三) 加强旅游产业融合

旅游产业融合通过打破产业间的壁垒，扩大旅游产业范围，催生旅游产业新业态等途径，实现了旅游产业的创新和升级。旅游产业的创新能够促使旅游产业生产效率的提高和新型业态的出现，这为旅游者提供了种类更加丰富、体验项目更为多样和服务更加人性化、定制化的旅游产品。同时旅游产业融合往往体现在知识、资本和技术密集型的旅游项目上，能够提升旅游发展水平，从而增强旅游业推动资源枯竭型城市转型的驱动力。资源枯竭型城市可以通过强化旅游产业融合能力，将旅游业与农业、工业进行相互渗透，进行产业间的融合发展，促进资源枯竭型城市产业结构的调整和优化。其中资源枯竭型城市发展工业遗产旅游和现代工业旅游项目就是旅游业与工业融合的最好实例，同时，还需要进一步加强工业旅游的创新，充分彰显资源枯竭型城市独特的工业文化魅力。

五、强化旅游品牌，重振转型发展的综合竞争力

城市旅游品牌是一个城市在推广自身城市旅游形象的过程中，根据城市旅游的发展战略定位所传递给社会大众的核心概念，是城市旅游产品、旅游服务和旅游形象的综合体现，并得到社会的认可。城市旅游品牌传递给旅游者的是一种利益承诺、旅游质量保障和信任，具有凝聚市民精神、吸引旅游者和辐射其他行业发展的综合竞争力，是城市旅游发展的巨大无形资产。强化城市旅游品牌有利于资源枯竭型城市增加旅游产品附加值，提高旅游形象号召力，增强城市居民凝聚力，扩大旅游产业影响力，重振资源枯竭型城市转型发展的综合竞争力。

部分资源枯竭型城市已经创建了具有一定知名度的城市旅游品牌，如焦作市旅游已经在社会和市场上具有较高的美誉度，其"太极圣地，山水焦作"品牌通过城市旅游营销而远播四海，但是还需要进一步强化和巩固城市旅游品牌的市场地位，不断创新，增强品牌核心竞争力。但还有大部分的资源枯竭型城

市旅游发展较晚,旅游品牌还处于创建初期阶段或者无品牌状态,这就需要强化创建城市旅游品牌的意识,并且通过借鉴成功转型城市的经验和自我探索来打造具有自身特色的城市旅游品牌。资源枯竭型城市在创建和强化城市旅游品牌过程中,需要注意以下几点:

(一) 找准城市旅游定位

资源枯竭型城市往往在发展旅游业的过程中模仿或照搬其他城市旅游发展经验,造成定位不清晰,没有特色,导致所投入的人力、物力和财力得不到相应的回报,旅游业推动城市转型发展的效率降低。因此,资源枯竭型城市在创建旅游品牌之初首先要准确进行城市旅游定位,避免"千城一面"的定位和形象口号。如很多资源枯竭型城市使用"生态之城""养生福地""艺术之城"等包罗万象似的形象定位,无法凸显出城市的个性特色。城市管理者可以通过SWOT分析法对城市旅游发展进行全面描述与评估,客观评价城市旅游发展的优势与劣势、机会与挑战,并结合城市发展历史、文化底蕴和发展战略来确定城市旅游品牌定位。

任何城市的旅游品牌必须扎根于城市的特色文化和历史脉络中,才能绽放光彩和保持永久生命力。但资源枯竭型城市旅游品牌定位则可以不拘泥于对工业遗产文化的发扬光大,因为有些资源枯竭型城市当初是因矿而建,毫无历史可言,在这样一种情况下,这部分资源枯竭型城市完全可以根据市场定位和区域竞合关系对旅游品牌进行定位,同时也可以创建一个与过去历史毫无联系的旅游品牌也不无不可。

(二) 坚持政府主导地位

城市旅游品牌具有公共产品的属性,不为任何私人所占有,具有非排他性和非竞争性,任何人都可以享受到旅游品牌所带来的利益和好处,因此城市旅游品牌建设必须依靠政府部门作为主导角色来承担。政府应该在旅游品牌创建与整合、营销与推广等方面发挥主导作用。

(三) 完善城市硬件功能

资源枯竭型城市普遍存在城市基础设施的建设和硬件服务功能较为薄弱的

情况，在发展旅游和创建城市旅游品牌中，要完善城市的硬件功能，从而提升城市旅游接待的水平。

（四）提高城市软件水平

按照国际化标准完善公共设施标识系统、完善旅游公共交通服务功能、建好游客咨询服务系统、做好配套星级酒店建设，不断提升接待服务功能和服务水平。此外，诸如焦作市等旅游业发展较快较好的资源枯竭型城市已经在旅游市场上创建了较高知名度的城市旅游品牌。但旅游品牌若不进行长期维护与管理，很容易被旅游者所遗忘、被市场所淘汰。

本 章 小 结

结合现状剖析，针对问题症结，本章探讨旅游业推动资源枯竭型城市转型发展的对策建议。主要包括宏观、中观和微观三个层面建议：第一，在宏观政策支持上，拟通过扩大旅游发展政策的优惠幅度、构建旅游发展政策的多级梯度和提高旅游发展政策的瞄准精度；第二，在中观主体协同上，拟通过树立资源枯竭型城市政府部门的全域主导意识、提升资源枯竭型城市社会公众的全面参与意识和强化资源枯竭型城市市场主体的全面创新意识；第三，在微观举措实施上，拟从活化旅游资源、优化旅游产品、美化旅游形象、孵化旅游产业和强化旅游品牌五个方面提出推动资源枯竭型城市转型发展的举措实施建议，以达到重启经济增长动力源、重育新兴消费增长点、重塑社会发展软环境、重构产业结构新格局和重振城市综合竞争力的目的，最终实现资源枯竭型城市的成功转型。

第九章
主要结论与研究展望

以旅游业推动资源枯竭型城市转型发展为主线、以作用机制研究为前提、以现状全景扫描为基础、以效率效果评价为参照系、以典型案例透视为标杆、以对策体系探讨为落脚点，本书形成了比较完整、科学的理论研究体系。有效解决了所要研究的问题，基本达到研究的目的。但仍有不足之处，对需要完善和深化的问题进行研究展望。

第一节 主要结论

本书在梳理、分析既有资源枯竭型城市转型与旅游业发展的相关文献的基础上，立足我国资源枯竭型城市转型面临的实际问题，采用多学科交叉的研究方法，明确了旅游业推动资源枯竭型城市转型发展的作用机制，梳理了我国资源枯竭型城市旅游业发展的现状问题，综合评价了旅游业推动资源枯竭型城市的转型效率和转型效果，并剖析相关影响因素，总结了旅游业推动资源枯竭型城市转型发展的国内外典型案例的成功经验，最后基于上述分析结果，探讨了旅游业推动资源枯竭型城市转型的对策体系。主要结论具体如下：

第一，发展旅游业是资源枯竭型城市谋求转型的优选途径之一。

资源枯竭型城市因矿而兴，也因矿而衰，当主体资源日趋枯竭而引发的经济衰退、环境破坏等问题困扰城市发展时，转型成了必由之路。同时，资源枯竭型城市因长期重工业发展而遗留下大量的工业用地和工业建筑等废弃资源，犹如鸡肋，食之无味，弃之可惜。然而从旅游的视角重新审视资源枯竭型城市的工业废弃资源，也是一种解决办法。同时，旅游业具有资源消耗低、带动系数大、就业机会多、综合效益好的诸多优势特点。资源枯竭型城市由内而外的自我突破力和旅游业从外向内的渗透助推力构成的作用机制揭示了发展旅游业是资源枯竭型城市谋求转型的途径之一。此外，国内外典型案例同样也证明了发展旅游业能够促进资源枯竭型城市的经济复苏、吸纳下岗职工就业、缓解社会矛盾、改善生态环境。

第二，转型背景下资源枯竭型城市的旅游业发展总体上呈现出旅游产品开发水平较低、旅游形象定位模糊、旅游产业规模偏小、旅游发展模式单一的特点。

在旅游产品开发上，资源枯竭型城市总体上还处于粗糙开发的阶段，开发水平较低。其一，从旅游景区的类型和等级上可以看出多数资源枯竭型城市的旅游景区档次偏低，吸引力有限，旅游产品开发的总体上水平不高，表明多数资源枯竭型地级市没有花心思、花力气或因财力有限等主客观原因去精心开发旅游资源；其二，大部分资源枯竭型城市对其工业遗迹的资源开发力度还不够，鲜有高品质的工业遗产旅游产品，仅有黄石国家矿山公园（4A）和萍乡安源路矿工人运动纪念馆（4A）两个旅游景区。甚至有的城市对工业遗迹资源根本就不予重视，一味追求短期的地产收益而将位于闹市中的遗迹推倒铲平了事。在旅游产业规模上，大部分资源枯竭型城市的旅游产业规模较小，旅游综合收入偏低，普遍低于其所在省份的平均水平。在旅游发展模式上，绝大部分资源枯竭型城市没有探索出适用于自身的旅游发展模式，大都处于"随波逐流"或"囫囵吞枣"的单纯模仿状态，形式单一。

第三，旅游业推动资源枯竭型城市转型效率总体水平不高，还存在较大改进空间，但处于持续上升趋势。

资本要素和劳动要素的产出弹性值均为正，劳动的产出弹性值大于资本的产出弹性值。说明旅游资产和旅游人力资源是旅游业推动资源枯竭型城市转型的动力来源，且旅游劳动要素的作用更为明显。在城市转型过程中，要注重旅游项目的扩张和硬件设施的升级，也要重视旅游服务人才数量和质量的双提高，有效发挥资本要素和劳动要素在旅游业推动资源枯竭型城市转型中的重要促进作用。在相关影响因素方面，市内交通对旅游业推动城市转型效率的影响具有倒"U"形的非线性影响作用。随着市内交通状况的改善，会降低游客的过夜游概率，阻断居民通过提供住宿、餐饮等服务实现增收的渠道，进而抑制了旅游业推动城市转型效率；对外交通是促进旅游业推动城市转型效率提升的重要推动力量。高铁和动车的开通将大大压缩旅游客源地与旅游目的地之间的时空距离，提高区域可达性。同时加快资源要素在地区间的集聚，降低运输成本，提升旅游业推动城市转型的效率。旅游专业化对旅游业推动城市转型效率的影响呈现倒"U"形的非线性变化特征。当旅游发展达到一定水平后，在当地产业发展中逐渐占据主导地位，会对其他产业形成"挤出效应"，加剧地方资源配置的不合理性，使知识创新等部门因得不到有效投入而产生内生发展动力不足等问题，导致城市经济增长乏力，最终反而会抑制旅游业推动城市转型效率的提升。

第四，旅游业推动资源枯竭型城市转型的效果体现在经济效应、社会效应和环境效应三个方面，且均存在门槛效应。

旅游业推动资源枯竭型城市转型的经济效应存在三重门槛特征，门槛值分别为0.019、0.026和0.031。随着旅游发展水平的阶段性提升，旅游业对资源枯竭型城市转型的经济效应存在先增后减的倒"U"形非线性作用，旅游业推动资源枯竭型城市转型的社会效应存在双重门槛特征，门槛值分别为0.024和0.052。旅游发展水平在不同门槛区间内对资源枯竭型城市转型的社会效应表征出先减后增的正U形关系，旅游业推动资源枯竭型城市转型的环境效应存在双重门槛特征，门槛值分别为0.063和0.092。旅游发展水平在不同门槛区间对空气污染均表现出显著的倍数级负向影响，即旅游业对资源枯竭型城市转型的环境效应具有显著正向作用。但随着旅游发展水平的不断提高，其对环境效应的边际促进作用呈阶梯状递减趋势。

第五，典型案例的多点透视总结了资源枯竭型城市旅游发展的成功经验。

从案例中可以看出，不管何种旅游开发途径，资源枯竭型城市的旅游发展必须依靠政府主导，政府从战略的高度主导旅游开发是其旅游发展成功的关键所在。案例中不论是英国的布莱纳文镇持续地开发新产品，还是焦作不断地创品牌、造精品，都表明创新是永葆竞争活力的核心所在。布莱纳文的工业遗产旅游、焦作山水太极文化旅游、鲁尔工业区的生态景观、黄石的古铜矿遗址都是其特色城市文化的重要组成部分，故挖掘资源枯竭型城市特色文化是其城市旅游发展的灵魂所在。典型案例还揭示了资源枯竭型城市发展旅游的可能路径，如大遗址理念开发工业遗产旅游、区域统筹理念开发旅游等。

第六，必须构建由宏观层面、中观层面和微观层面组合而成的立体化的旅游业推动资源枯竭型城市转型发展的对策体系。

在宏观政策支持上，主要是通过国家层面的宏观调控来构建资源枯竭型城市旅游发展的良好环境。通过扩大旅游发展政策的优惠幅度、构建旅游发展政策的多级梯度和提高旅游发展政策的瞄准精度等方面，加大对资源枯竭型城市旅游业发展政策的支持力度。

在中观主体协同上，主要是通过资源枯竭型城市的中观主体层面凝聚旅游业推动资源枯竭型城市转型发展的强劲动力。具体通过树立资源枯竭型城市政府部门的全域主导意识、提升资源枯竭型城市社会公众的全面参与意识和强化资源枯竭型城市市场主体的全面创新意识，增强资源枯竭型城市转型发展的多方协同合力，形成从政府部门到基层群众的旅游发展共识，构建起全社会关注资源枯竭型城市旅游促转型的发展氛围。

在微观举措实施上，主要通过活化旅游资源、优化旅游产品、美化旅游形象、孵化旅游产业和强化旅游品牌五个方面提出推动资源枯竭型城市转型发展的举措实施建议，以达到重启经济增长动力源、重育新兴消费增长点、重塑社会发展软环境、重构产业结构新格局和重振城市综合竞争力的目的，创新资源枯竭型城市旅游的开发途径，解决资源枯竭型城市的实际问题，最终实现资源枯竭型城市成功转型和高质量发展。

本书形成了机制研究—现状扫描—综合评价—案例透视—对策探讨的关于旅游业推动资源枯竭型城市转型发展的系统性研究框架体系，丰富了现有旅游业促进资源枯竭型城市转型理论研究和实践探索的知识体系。

第二节 研 究 展 望

在生态文明建设和高质量发展的战略背景之下，资源枯竭型城市转型将会迎来新的机遇和挑战。更为重要的是，旅游业推动资源枯竭型城市转型发展的成功经验将会成为大量尚未进入枯竭阶段的资源型城市未雨绸缪的行动指南。因此，旅游业推动资源枯竭型城市的转型发展研究任重道远，而本书的研究只是"抛砖引玉"。由于作者的理论视野和研究精力，特将书中存在的不足和缺陷指出，并对未来需要进一步完善和深入的问题进行展望。

第一，进一步厘清转型背景下资源枯竭型城市的旅游发展现状全貌。本书从旅游资源开发、旅游形象定位、旅游产业规模等方面对 24 个资源枯竭型地级城市旅游发展现状进行了描述与分析，尽管能够从中窥出资源枯竭型城市总体旅游发展现状的基本情况，但是还不够全面和细致。为了更加详尽和真实地反映出资源枯竭型城市旅游发展现状,需要对69个资源枯竭型城市进行全面考察。

第二,进一步完善旅游业推动资源枯竭型城市转型效率和转型效果的评价研究。在转型效率测度方面,本书利用SFA方法测度了旅游业推动资源枯竭型城市转型效率,并同时分析了相关因素的影响作用。但该方法需要预先设定生产函数,若设定了错误的生产函数,便会导致效率测度产生偏差,因此,后续研究要进一步加强旅游业推动资源枯竭型城市转型的理论研究,特别是对旅游业驱动城市转型的生产过程进行严密的逻辑推导,以确保随机前沿生产函数设定的客观性和科学性;在转型效果的评价方面,本书利用静态面板门槛模型实证检验了旅游业推动资源枯竭型城市转型效果,但由于受样本量限制,本书未能从动态变化的角度考察旅游业推动城市转型的效果,未来研究应进一步完善计量研究方法,加强旅游业推动资源枯竭型城市转型效果的动态演进,进而为资源枯竭型城市转型发展提供历时性的参考依据。此外,后续研究要进一步考察旅游业推动不同行政级别的资源枯竭型城市转型效率和效果差异,并分析相关影响因素,为资源枯竭型城市发展旅游业促进转型提供针对性强的对策建议。

第三,进一步深化旅游业推动资源枯竭型城市转型发展对策的针对性和创新性。转型背景下资源枯竭型城市旅游业发展绝不能简单地模仿和复制传统旅游城市的做法,应该根据资源枯竭型城市所具有的群体性特征,探索出适合自身发展规律和实际情况的旅游业发展之路。本书从政策环境、发展意识、具体举措及和实现方式等方面提出的对策建议体系还有待进一步的深化,如在加大旅游发展政策支持上要更加突出针对性,有的放矢地解决资源枯竭型城市发展旅游业的实际问题;在旅游开发举措上要更加突出创新性和可操作性,特别是针对资源枯竭型城市的工业遗迹资源的再利用和活化上,应结合当前风景园林学、市场营销学的前沿理论,打造迎合市场需求的具有工业历史文化特色的旅游景观;以及在旅游产业集群孵化上应该加强跨区域合作研究,等等。

附　录

附表　　　　　　　资源枯竭型城市旅游景区一览表

序号	城市	5A 景区	4A 景区	3A 景区
1	伊春	汤旺河林海奇石景区	五营国家森林公园	金山屯飞鹤金山天然鹿场
			嘉荫恐龙国家地质公园	水上公园风景区
			美溪回龙湾国家森林公园	兴安森林公园
			带岭凉水旅游区	铁力透龙山风景区
			梅花河山庄度假村	小兴安岭国家地质公园红星园区
			小兴安岭桃山景区	西岭森林生态旅游度假区
			嘉荫茅兰沟森林旅游区	金山小镇
			上甘岭溪水森林旅游区	大丰河漂流
2	七台河			西大圈森林公园
3	鹤岗		萝北名山景区	鹤岗国家森林公园
			绥滨月牙湖中国北方民族园景区	鹤岗将军石山庄
4	双鸭山		集贤县安邦河湿地公园	北秀公园
				龙头山庄旅游区
				青山国家森林公园
				东湖旅游度假区
				宝清县珍宝岛烈士陵园
				友谊县友谊博物馆
				燕窝岛湿地生态旅游区
				红旗岭千鸟湖景区
				挹楼文化风情园
				七星河湿地生态旅游区
				龙湖水利风景区
				沿江公园旅游风景区
				北大荒农机博览园景区
				胜利农场喀尔喀旅游区
5	辽源			

续表

序号	城市	5A景区	4A景区	3A景区
6	白山	长白山景区		龙山湖景区
				长白山迷宫
				江源县干饭盆景区
				靖宇县杨靖宇将军殉国地
				靖宇县白山湖景区
				望天鹅旅游风景区
7	阜新		海棠山风景区	大清沟风景区
			瑞应寺	宝力根寺风景区
8	盘锦		红海滩风景区	知青总部
			苇海鼎翔生态旅游度假区	湖滨公园
				中兴公园
				辽河绿水湾景区
9	抚顺		抚顺雷锋纪念馆	抚顺市元帅林
			抚顺赫图阿拉老城	抚顺战犯管理所旧址陈列馆
			抚顺皇家海洋主题乐园	抚顺萨尔浒风景名胜区
			红河大峡谷漂流景区	
10	乌海			金沙湾生态旅游区
				满巴拉僧庙
				甘德尔山旅游区
				汉森庄园
11	枣庄	台儿庄古城	抱犊崮国家森林公园	龟山省级地质公园
			冠世榴园生态文化旅游区	铁道游击队纪念公园
			微山湖湿地红荷旅游区	墨子纪念馆
			台儿庄大战纪念馆	莲青山生态旅游区
			汉诺庄园	滕州汉画像石馆
			鲁南水城	刘村梨园风景区
			枣庄老街	
			滕州盈泰生态温泉度假村	
			熊耳山国家地质公园	

续表

序号	城市	5A 景区	4A 景区	3A 景区
12	铜川		玉华宫风景名胜区	耀州窑博物馆
			药王山景区	陈炉古镇景区
13	石嘴山	平罗沙湖		平罗玉皇阁公园
				青铜峡黄河大峡谷
14	白银		景泰黄河石林国家地质公园	靖远法泉寺风景旅游区
			红军会宁会师旧址	
15	泸州		泸州老窖旅游区	佛宝森林公园
			太平古镇景区	方山旅游区
			黄荆老林旅游景区	泸州天仙硐
				泸州市洞窝景区
				尧坝古镇景区
				玉蟾山风景区
16	焦作	云台山风景名胜区	圆融寺	韩愈陵园
		神农山风景名胜区	嘉应观	蒙牛集团工业旅游点
		青天河风景名胜区	黄河文化影视城	穆家寨生态农业观光园景区
17	濮阳		濮阳戚城文物景区	濮阳世锦园
			中原绿色庄园	濮阳毛楼生态旅游区
				濮阳单拐革命旧址
				濮阳挥公园景区
18	黄石		黄石国家矿山公园	湘鄂赣边区鄂东南革命烈士陵园
			雷山风景区	东方风景区
				大冶市青龙山公园
				阳新仙岛湖风景区
19	淮北		相山风景区	淮北市博物馆
20	铜陵		天井湖风景区	永泉农庄
				淡水豚保护中心

续表

序号	城市	5A 景区	4A 景区	3A 景区
21	萍乡		武功山风景区	秋收起义烈士陵园
			安源路矿工人运动纪念馆	秋收起义广场
				孽龙洞景区
22	景德镇	景德镇陶瓷历史博览区	浮梁古县衙景区	陶瓷博物馆
			高岭·瑶里风景名胜区	明清园
			洪岩仙境风景区	金竹山寨
			锦绣昌南中国瓷园	怪石林
			得雨生态园	
23	新余		仙女湖风景旅游区	昌坊度假村
24	韶关	丹霞山风景名胜区	韶关漕溪温泉	乐昌三龙谷生态旅游区
			云门寺佛文化生态保护区	天井山国家森林公园
			古佛洞天旅游区	金鸡岭风景名胜区

注：24 个资源枯竭型城市地级市资料统计截至 2018 年 12 月。

参考文献

[1] 曹灿明：《西部矿产枯竭型城市旅游形象策划及总体开发构思——以甘肃白银市为例》，载于《特区经济》2008年第7期。

[2] 曹芳东、黄震芳、吴江等：《城市旅游发展效率的时空格局演化特征及其驱动机制——以泛长江三角洲地区为例》，载于《地理研究》2012年第8期。

[3] 常江、冯姗姗：《矿业城市工业废弃地再开发策略研究》，载于《城市发展研究》2008年第2期。

[4] 常捷、石萍、董志华：《资源型城市的旅游业发展——以焦作市为例》，载于《河南科技》2005年第7期。

[5] 陈浩、方杏村：《资源开发、产业结构与经济增长——基于资源枯竭型城市面板数据的实证分析》，载于《贵州社会科学》2014年第12期。

[6] 陈浩、王晓玲：《经济增长、非农产业对城镇化的影响及其区域差异——基于资源枯竭型城市面板数据的实证分析》，载于《经济问题探索》2016年第1期。

[7] 陈燕、高红贵：《资源枯竭型城市转型发展中的生态困境及路径选择》，载于《经济问题》2015年第3期。

[8] 陈越：《资源枯竭型城市工业旅游开发的潜在价值——阜新工业遗产旅游开发商机无限》，载于《企业家天地》2007年第12期。

[9] 戴学锋：《资源枯竭型城市转型的路径选择》，载于《中国国情国力》2008年第10期。

[10] 丁华、陈乾、藏萌等：《资源枯竭型城市发展旅游业面临的困境及破解——以铜川市为例》，载于《城乡建设》2013年第3期。

[11] 丁水平：《城市功能重构视域下资源枯竭型城市工业遗产旅游开发探析》，载于《中国林业经济》2014年第5期。

[12] 丁志伟、王发曾、殷胜磊：《基于成长能力评价模型的中原城市群空

间发展态势》，载于《河南科学》2010 年第 10 期。

[13] 杜辉：《资源型城市可持续发展保障的策略转换与制度构造》，载于《中国人口·资源与环境》2013 年第 2 期。

[14] 段学成、朱晓辉、王国梁：《资源型城市旅游资源开发的实证研究——以山西临汾为例》，载于《城市问题》2007 年第 5 期。

[15] 范晓君：《基于利益相关者的阜新工业遗产旅游开发》，载于《辽宁经济》2008 年第 11 期。

[16] 丰桂萍、张澄溪：《城市旅游业发展问题探讨——以山西大同市为例》，载于《调研世界》2015 年第 12 期。

[17] 丰志培、刘志迎：《产业关联理论的历史演变及评述》，载于《温州大学学报（社会科学版）》2005 年第 1 期。

[18] 阜新市产业结构调整及发展战略规划课题组：《阜新市产业结构调整与可持续发展战略研究》，载于《中国人口·资源与环境》2000 年第 3 期。

[19] 顾江、胡静：《中国分省区旅游生产效率模型创建与评价》，载于《同济大学学报（社会科学版）》2008 年第 4 期。

[20] 关景灵：《资源枯竭型城市经济转型问题研究——以广西贺州市平桂管理区为例》，载于《资源与产业》2014 年第 3 期。

[21] 郭竟萱、王琴梅：《资源型城市经济转型中的旅游业发展初探——以陕西铜川为例》，载于《理论与改革》2008 年第 2 期。

[22] 韩力军：《资源枯竭型城市旅游业的发展》，载于《黑龙江工业学院学报（综合版）》2014 年第 2 期。

[23] 何俊涛、刘会远、李蕾蕾：《德国工业旅游面面观（外则一）——原东德 Lausitz 褐煤矿与西德 RWE 褐煤矿的差距》，载于《现代城市研究》2006 年第 1 期。

[24] 黄丽英、刘静艳：《基于 DEA 方法的我国高星级酒店效率研究》，载于《北京第二外学院学报（旅游版）》2008 年第 1 期。

[25] 黄倩：《资源型城市平顶山市旅游形象设计研究》，载于《平顶山工学院学报》2007 年第 5 期。

[26] 纪国涛：《促进抚顺市大旅游产业发展的对策研究》，载于《理论界》2018 年第 5 期。

[27] 简新华、杨艳琳：《产业经济学》，武汉大学出版社 2009 年版。

[28] 江国志：《加快推进资源枯竭型城市发展转型》，载于《中国城市经济》2005 年第 2 期。

[29] 江小蓉、龚志强：《资源型城市经济转型中的旅游业发展路径》，载于《商业时代》2009 年第 20 期。

[30] 姜乃力、尹德涛：《辽宁省资源型城市开发工业旅游的探究》，载于《辽宁经济》2005 年第 3 期。

[31] 蒋洁、赵晨：《我国资源枯竭型城市经济转型面临的问题及对策》，载于《湖北社会科学》2004 年第 5 期。

[32] 焦华富、陆林：《西方资源型城镇研究的进展》，载于《自然资源学》2000 年第 3 期。

[33] 康玲芬、李明涛、李开明：《城市生态—经济—社会复合系统协调发展研究——以兰州市为例》，载于《兰州大学学报（社会科学版）》2017 年第 2 期。

[34] ［澳］科埃利：《效率与生产率分析引导》，中国人民大学出版社 2010 年版。

[35] 李冰：《体现深厚人文内涵的德国工业旅游——〈德国工业旅游面面观〉读后感》，载于《世界地理研究》2006 年第 4 期。

[36] 李大伟、王景育：《资源型城市旅游业发展路径选择研究——以平顶山市为例》，载于《商场现代化》2008 年第 33 期。

[37] 李锋：《基于双重空间的后开发景区成长性研究——以焦作云台山为例》，载于《旅游学刊》2007 年第 10 期。

[38] 李凤霞：《图们江增长三角旅游产业集群发展研究》，东北师范大学硕士论文，2005 年。

[39] 李贵红：《阳泉市以旅游产业发展促资源型城市转型的实践与思考》，载于《科技情报开发与经济》2010 年第 18 期。

[40] 李怀祖：《管理研究方法论》，西安交通大学出版社 2004 年版。

[41] 李建华：《资源型城市可持续发展研究》，社会科学文献出版社 2007 年版。

[42] 李开宇、王兴中、孙鹏：《矿区工业旅游开发研究——以江西德兴铜

矿为例》，载于《人文地理》2002年第6期。

[43] 李蕾蕾：《旅游点形象定位初探——兼析深圳景点旅游形象》，载于《旅游学刊》1995年第3期。

[44] 李蕾蕾：《旅游目的地形象策划：理论与实务》，广东旅游出版社2006年版。

[45] 李蕾蕾：《逆工业化与工业遗产旅游开发：德国鲁尔区的实践过程与开发模式》，载于《世界地理研究》2002年第3期。

[46] 李猛、张米尔：《资源型城市产业转型的国际比较》，载于《大连理工大学学报（社会科学版）》2002年第2期。

[47] 李鹏飞、代合治、闫姗姗：《资源型城市旅游开发实证研究——以枣庄市为例》，载于《曲阜师范大学学报》2012年第1期。

[48] 李天元：《旅游学概论》，南开大学出版社2009年版。

[49] 李文华、武邦涛：《煤炭资源枯竭城市旅游开发研究——以江苏省徐州市为例》，载于《陕西农业科学》2009年第1期。

[50] 李跃军、吴相利：《英国工业旅游景点开发管理案例研究》，载于《社会科学家》2003年第11期。

[51] 梁家伟：《浅论深圳建设可持续发展的全球先锋生态城市》，中国可持续发展论坛，2007年。

[52] 梁流涛、杨建涛：《中国旅游业技术效率及其分解的时空格局——基于DEA模型的研究》，载于《地理研究》2012年第8期。

[53] 廖斌：《旅游业在资源枯竭型城市转型中的特殊作用》，载于《旅游学刊》2013年第8期。

[54] 刘贵富：《产业链的基本内涵研究》，载于《工业技术经济》2007年第8期。

[55] 刘会远、李蕾蕾：《德国工业旅游面面观（八）——因港而"兴"的杜伊斯堡》，载于《现代城市研究》2004年第8期。

[56] 刘会远、李蕾蕾：《德国工业旅游面面观（Ⅶ）——北杜伊斯堡旧钢厂景观公园》，载于《现代城市研究》2004年第7期。

[57] 刘会远、李蕾蕾：《德国工业旅游面面观（二）——世界文化遗产弗尔克林根炼铁厂》，载于《现代城市研究》2004年第1期。

[58] 刘会远、李蕾蕾：《德国工业旅游面面观（九）——"黄针"串起的工业旅游路线》，载于《现代城市研究》2004年第9期。

[59] 刘会远、李蕾蕾：《德国工业旅游面面观（六）——一个恋着绿色的露天褐煤矿（RWE公司）》，载于《现代城市研究》2004年第6期。

[60] 刘会远、李蕾蕾：《德国工业旅游面面观（三）——Zolleverein（关税同盟）煤矿及鲁尔区煤矸石山的开发利用》，载于《现代城市研究》2004年第2期。

[61] 刘会远、李蕾蕾：《德国工业旅游面面观（四）——有着教堂般工业建筑的措伦（Zollern Ⅱ/Ⅳ）》，载于《现代城市研究》2004年第3期。

[62] 刘会远、李蕾蕾：《德国工业旅游面面观（五）——德法边界互相呼应的煤钢遗址》，载于《现代城市研究》2004年第4期。

[63] 刘会远、李蕾蕾：《德国工业旅游面面观（一）》，载于《现代城市研究》2003年第12期。

[64] 刘会远：《浅析德国工业旅游的人文内涵》，载于《城市研究》2008年第1期。

[65] 刘佳：《基于DEA的城市旅游效率研究——以陕西十地市为例》，陕西师范大学硕士论文，2010年。

[66] 刘金林：《全域优质的工业遗产旅游研究——以黄石港鄂东区域文化旅游中心的创建为例》，2018中国旅游科学年会论文集，2018年。

[67] 刘金明、姚建伟、王永先等：《资源枯竭矿山如何迎来美好明天》，载于《河南国土资源》2003年第6期。

[68] 刘静江：《论我国工业遗产旅游的开发》，湘潭大学硕士论文，2006年。

[69] 刘睿文、肖星、吴殿廷等：《旅游目的地形象认知过程中的"先入为主"与"既成事实"效应研究——以银川沙湖与榆林红碱淖为例》，载于《人文地理》2006年第1期。

[70] 刘学敏：《国外典型区域开发模式的经验与借鉴》，经济科学出版社2010年版。

[71] 刘学敏：《资源枯竭类城市转型的不确定性》，载于《城市问题》2011年第5期。

[72] 刘奕如、张宁宁：《霍州市旅游产业发展问题研究》，载于《山西财经

大学学报》2015 年第 S2 期。

[73] 刘宇、周雅琴：《文化产业促进资源型城市矿业遗产转型利用的模式研究》，载于《河南社会科学》2018 年第 6 期。

[74] 刘粤湘：《中国矿业城市发展的障碍与对策》，载于《资源·产业》2001 年第 2 期。

[75] 陆相林：《DEA 方法在区域旅游发展评价中的应用——以山东省 17 地市为例》，载于《湖北大学学报（自然科学版）》2007 年第 3 期。

[76] 路建涛：《工矿城市发展模式比较研究》，载于《经济地理》1997 年第 3 期。

[77] 吕宁、冯凌：《淮北资源枯竭型城市转型之路：旅游业发展》，载于《资源与产业》2012 年第 4 期。

[78] 罗明义：《关于建立健全我国旅游政策的思考》，载于《旅游学刊》2008 年第 10 期。

[79] 罗萍嘉、陆文学、任丽颖：《基于景观生态学的矿区塌陷地再利用规划设计方法——以徐州九里区采煤塌陷地为例》，载于《中国园林》2011 年第 6 期。

[80] 马咪咪：《资源型城市旅游形象重塑研究——以山西省大同市为例》，载于《经济与社会发展》2012 年第 4 期。

[81] 马晓龙、保继刚：《中国主要城市旅游效率的区域差异与空间格局》，载于《人文地理》2010 年第 1 期。

[82] 马晓龙：《中国主要城市旅游效率及其全要素生产率评价：1995～2005》，中山大学博士论文，2008 年。

[83] 毛超峰：《探寻资源枯竭型城市可持续发展的新路子》，载于《资源与产业》2005 年第 3 期。

[84] 孟丹：《矿业型工业废弃地建筑与环境再生性研究》，大连理工大学硕士论文，2011 年。

[85] 欧阳日辉：《资源枯竭型城市转型知识读本》，中国文史出版社 2012 年版。

[86] 齐建珍：《资源型城市转型学》，人民出版社 2004 年版。

[87] 任保平：《欧盟一体化进程中德国鲁尔区的产业转型绩效分析及其启

示》，载于《西安财经学院学报》2006年第6期。

[88] 任宣羽、肖立军、熊斌：《资源型城市产业转型背景下旅游发展模式研究》，载于《经济研究》2012年第6期。

[89] 任宣羽、熊斌：《资源型城市旅游发展潜力研究》，载于《特区经济》2012年第5期。

[90] 任宣羽、杨淇钧：《以旅游视角更新利用资源枯竭型城市的工业废弃地》，载于《旅游学刊》2013年第5期。

[91] 沈非、黄薇薇：《煤炭城市转型与旅游资源开发——以安徽淮北市为例》，载于《国土与自然资源研究》2007年第2期。

[92] 史英杰：《东北地区资源型城市产业转型问题研究》，天津大学硕士论文，2008年。

[93] 宋莹莹、李悦铮、吕俊芳：《基于SWOT+AHP分析法的旅游发展战略研究——以资源枯竭型城市阜新为例》，载于《资源开发与市场》2014年第6期。

[94] 孙爱丽、朱海森：《我国工业旅游开发的现状及对策研究》，载于《上海师范大学学报（自然科学版）》2002年第3期。

[95] 孙淼：《资源枯竭型城市可持续发展调控研究》，东北师范大学博士论文，2005年。

[96] 唐月民：《资源枯竭型城市的文化转型之路——以台儿庄古城为例》，载于《文化产业研究》2014年第2期。

[97] 田霍卿：《资源型城市可持续发展的思考》，人民出版社2000年版。

[98] 田里：《旅游经济学》，高等教育出版社2002年版。

[99] 田野：《德国鲁尔区工业遗产旅游线路》，载于《中国城市规划协会.规划和谐城市规划——2007中国城市规划年会论文集》，黑龙江科学技术出版社2007年版。

[100] 汪希芸：《工业遗产旅游"资源—产品"转化研究——以南京市为例》，南京师范大学硕士论文，2007年。

[101] 王磊：《焦作城市转型的"助推器"》，中国旅游报，2003-05-30。

[102] 王联勋：《国内外资源型城市旅游发展模式研究——以德国鲁尔区和中国河南省焦作市》，载于《吉林广播电视大学学报》2008年第4期。

[103] 王林峰、黄艳丽、关中美:《资源枯竭型城市旅游竞争力研究——以焦作市为例》,载于《资源开发与市场》2015年第9期。

[104] 王敏、江冰婷、朱竑:《基于视觉研究方法的工业遗产旅游地空间感知探讨:广州红专厂案例》,载于《旅游学刊》2017年第10期。

[105] 王启仿、汤波:《影响我国城市可持续发展的十大因素》,载于《城市开发》2002年第3期。

[106] 王青云:《资源型城市经济转型研究》,中国经济出版社2003年版。

[107] 王同文、刘志刚等:《甘肃省白银市国家矿山公园建设与经济转型》,载于《资源与产业》2006年第5期。

[108] 王焰新:《城市可持续发展战略实证研究》,中国环境科学出版社2002年版。

[109] 王媛、冯学钢、孙晓东:《旅游地形象的时间演变与演变机制》,载于《旅游学刊》2014年第10期。

[110] [美] 威廉·瑟厄波德著,张广瑞主译:《全球旅游新论》,中国旅游出版社2001年版。

[111] 魏震铭:《辽宁阜新海州煤矿工业遗产旅游开发研究》,载于《理论界》2008年第6期。

[112] 温晓琼、周亚雄:《我国资源枯竭型城市经济发展的制约因素》,载于《城市问题》2013年第1期。

[113] 巫婷、肖祖豪:《资源枯竭型城市向红色旅游经济发展转型研究——以赣西地区萍乡市为例》,载于《价值工程》2017年第26期。

[114] 吴唯佳:《对旧工业地区进行社会、生态和经济更新的策略——德国鲁尔地区埃姆歇园国际建筑展》,载于《国外城市规划》1999年第3期。

[115] 吴相利:《英国工业旅游发展的基本特征与经验启示》,载于《世界地理研究》2002年第4期。

[116] 吴相利、臧淑英:《伊春市森林生态旅游开发模式》,载于《经济地理》2006年第6期。

[117] 夏林根:《焦作蝶变》,载于《决策》2007年第2期。

[118] 谢飞帆:《新型城镇化下的工业遗产旅游》,载于《旅游学刊》2015年第1期。

[119] 邢怀滨、冉鸿燕、张德军：《工业遗产的价值与保护初探》，载于《东北大学学报（社会科学版）》2007年第2期。

[120] 徐柯健、Horst Brezinski：《从工业废弃地到旅游目的地：工业遗产的保护和再利用》，载于《旅游学刊》2013年第8期。

[121] 鄢志武：《旅游资源学》，武汉大学出版社2003年版。

[122] 闫峰真：《资源枯竭型城市旅游效率研究》，大连理工大学硕士论文，2013年。

[123] 闫淑君、洪伟、吴承祯：《景观生态学在城市生态园林建设中的应用》，载于《福建林业科技》2003年第1期。

[124] 杨家卿：《解读"焦作现象"——关于河南省焦作市旅游业发展情况的调查与思考》，载于《学习论坛》2004年第11期。

[125] 杨艳琳：《资源经济发展》，科学出版社2004年版。

[126] 杨振之、陈瑾：《"形象遮蔽"与"形象叠加"的理论与实证研究》，载于《旅游学刊》2003年第3期。

[127] 杨振之：《增长方式转变的实践：旅游业带动资源枯竭型城市复兴之路》，载于《旅游学刊》2013年第8期。

[128] 杨震、于丹阳：《英国城市设计：1980年代至今的概要式回顾》，载于《建筑师》2018年。

[129] 叶红：《资源枯竭型城市的旅游业转型——机制与路径》，载于《旅游学刊》2013年第8期。

[130] 叶欢、李瑛：《资源枯竭型城市文化遗产旅游资源的开发研究——以铜川市为例》，载于《金融经济》2014年第12期。

[131] 叶小青：《资源枯竭型城市旅游形象定位思考》，中国旅游报，2013-03-20。

[132] 衣传华：《"锦上添花"还是"雪中送炭"：旅游发展对经济增长的影响》，载于《华东经济管理》2017年第12期。

[133] 殷实：《从"焦作现象"看资源枯竭型城市转型》，载于《辽宁经济》2009年第12期。

[134] 于言良：《资源型城市经济转型研究》，辽宁工程技术大学博士论文，2006年。

[135] 余会莲：《挣脱绝境的历程——从鲁尔区的转型看传统工业区的改造》，载于《科学决策》2003 年第 9 期。

[136] 余建辉、张文忠：《中国资源枯竭城市的转型路径研究》，载于《世界地理研究》2011 年第 3 期。

[137] 袁芳：《浅议工业遗产的保护与旅游开发》，载于《时代经贸》2007 年第 5 期。

[138] 苑立清：《关于煤矿利用矿山遗迹开发旅游项目的思考》，载于《中国矿业》2004 年第 10 期。

[139] 曾锡庭：《资源型城市经济发展研究》，合肥工业大学出版社 2002 年版。

[140] 张大鹏、邓爱民、李莺莉：《基于 DEA-MI 模型的资源枯竭型城市旅游业效率评价研究》，载于《宏观经济研究》2015 年第 9 期。

[141] 张大鹏、涂精华、邢禹鹤：《资源枯竭型城市旅游形象定位研究——以黄石市为例》，载于《湖北理工学院学报（人文社会科学版）》2019 年第 2 期。

[142] 张大鹏：《中国资源枯竭型城市旅游发展研究》，武汉大学博士论文，2013 年。

[143] 张大鹏：《资源枯竭型城市旅游资源活化与形象重塑——以湖北省黄石市为例》，载于《中南财经政法大学学报》2015 年第 6 期。

[144] 张海燕、王忠云：《旅游产业与文化产业融合发展研究》，载于《资源开发与市场》2010 年第 4 期。

[145] 张金山、陈立平：《工业遗产旅游与美丽中国建设》，载于《旅游学刊》2016 年第 10 期。

[146] 张金山：《浅析资源型城市旅游形象定位及营销策略——以焦作为例》，载于《北京第二外国语学院学报（旅游版）》2007 年第 9 期。

[147] 张琳、李影、李娟：《国外棕地价值评估的方法与实践综述》，载于《中国人口·资源与环境》2012 年第 4 期。

[148] 张宁宁：《旅游助推资源型城市经济转型发展研究》，山西财经大学，2015 年。

[149] 张小军、董锁成、尹卫红等：《我国资源型城市转型典型案例研究——以宁夏石嘴山生态城市建设模式为例》，载于《干旱区资源与环境》2009 年第 4 期。

[150] 张晓霞：《城市规划之若干问题探讨》，载于《珠江水运》2012 年第

8期。

[151] 张欣、姚雪莒：《辽宁资源枯竭型城市发展工业旅游策略研究》，载于《中国林业经济》2010年第2期。

[152] 张秀生、陈慧女：《我国典型资源枯竭型城市的可持续发展——基于9个典型资源枯竭型城市的分析》，载于《武汉理工大学学报（社会科学版）》2009年第3期。

[153] 张耀军、成升魁、闵庆文：《资源型城市转型与旅游资源开发——以铜川市为例》，载于《中国人口·资源与环境》2003年第1期。

[154] 张以诚：《资源枯竭型城市分析》，王恒礼，毕孔彰：《地学哲学与构建和谐社会》，中国大地出版社2006年版。

[155] 章锦河、陆林：《煤炭城市旅游开发的初步研究》，载于《中国煤炭》2000年第9期。

[156] 章锦河、陆林：《资源型城市旅游形象设计研究——以淮南市为例》，载于《人文地理》2001年第1期。

[157] 章晶晶、卢山、麻欣瑶：《基于旅游开发的工业遗产评价体系与保护利用梯度研究》，载于《中国园林》2015年第8期。

[158] 赵景海：《我国资源型城市空间发展研究》，东北师范大学博士论文，2007年。

[159] 赵敏、唐嘉耀、王月娥：《大冶市旅游转型区域开发研究：基于矿产资源可持续力与旅游资源开发潜力的耦合性》，载于《中国矿业》2016年第4期。

[160] 赵士德：《旅游经济学》，合肥工业大学出版社2009年版。

[161] 赵涛：《德国鲁尔区的改造——一个老工业基地改造的典型》，载于《国际经济评论》2000年第3期。

[162] 赵香娥：《工业遗产旅游在资源枯竭型城市转型中的作用与开发》，中国社会科学院研究生院硕士论文，2009年。

[163] 赵燕鸿：《对焦作市发展城市旅游的战略思考》，载于《焦作大学学报》2007年第3期。

[164] 郑斌、刘家明、杨兆萍：《资源型城市工业旅游开发条件与模式研究》，载于《干旱区资源与环境》2009年第10期。

[165] 郑伯红：《资源型城市的可持续发展优化及案例研究》，载于《云南

地理环境研究》1999年第1期。

[166] 郑岩:《辽宁资源型城市旅游业可持续发展对策研究》,载于《东北财经大学学报(社会科学版)》2006年第3期。

[167] 钟冲:《改革开放以来中国旅游业政策演变及评估研究》,中南大学硕士学位论文,2009年。

[168] 左冰、保继刚:《1992~2005年中国旅游业全要素生产率及省际差异》,载于《地理学报》2008年第4期。

[169] 左冰:《旅游流动、资本积累与不平衡地理发展:基础设施建设对旅游发展影响研究》,经济科学出版社2010年版。

[170] Alfrey J. *The Industrial Heritage: Managing Resources and Uses* [M]. 2003.

[171] Ballesteros E R, Macarena Hernández Ramírez. Identity and Community—Reflections on the Development of Mining Heritage Tourism in Southern Spain [J]. *Tourism Management*, 2007, 28 (3): 677-687.

[172] Ball R, Stobart J. Promoting the Industrial Heritage Dimension in Midlands Tourism: a Critical Analysis of Local Policy Attitudes and Approaches [J]. *Managing Cultural Resources for the Tourist*, Centre for Travel and Tourism, Sunderland, 1996 (25): 121-126.

[173] Banker R D, Morey R. Efficiency Analysis for Exogenously Fixed Inputs and Outputs [J]. *Operations Research*, 1989 (4): 513-520.

[174] Barros C P, Matias A. Assessing the Efficiency of Travel Agencies with a Stochastic Cost Frontier: a Portuguese Case Study [J]. *International Journal of Tourism Research*, 2006 (5): 367-379.

[175] Beeho A. J., Prentice R C. Evaluating the Experiences and Benefits Gained by Tourists Visiting a Socio-Industrial Heritage Museum: An Application of ASEB Grid Analysis to Blists Hill Open-Air Museum, the Ironbridge Gorge Museum, United Kingdom [J]. *Museum Management & Curatorship*, 1995, 14 (3): 229-251.

[176] Beer M, Rybár R, Kal'avský M. Renewable Energy Sources as an Attractive Element of Industrial Tourism [J]. *Current Issues in Tourism*, 2017: 1-13.

[177] Blackaby, F. (ed.). *Deindustrialization* [M]. London: Heine-

mann. 1979.

［178］Bluestone B, Harrison B. *The Deindustrialization of America: Plant Closings, Community Abandonment, and the Dismantling of Basic Industry* ［M］. 1982.

［179］Bradbury J. The Impact of Industrial Cycles in the Mining Sector: The Case of the Québec – Labrador Region in Canada ［J］. *International Journal of Urban & Regional Research*, 2010, 8（3）: 311 – 331.

［180］Bramwell B, Rawding L. Tourism Marketing Organizations in Industrial Cities: Organizations, Objectives and Urban Governance ［J］. *Tourism Management*, 1994, 15（6）: 425 – 434.

［181］Cameron C M. Emergent Industrial Heritage: The Politics of Selection ［J］. *Museum Anthropology*, 2010, 23（3）: 58 – 73.

［182］Carl Mitcbam. The Concept of Sustainable Development: Its Origins and Ambivalence ［J］. *Technology in Society*, 1995（3）: 331 – 326.

［183］Caton K, Santos, C. A. Heritage Tourism on Route 66: Deconstructing Nostalgia ［J］. *Journal of Travel Research*, 2015, 45（4）: 371 – 386.

［184］Charnes A, Cooper W W, Rhodes E. Measuring the Efficiency of Decision Making Units ［J］. *European Journal of Operational Research*, 1978（6）: 429 – 444.

［185］Claver, M. A. Sebastián. Basis for the Classification and Study of Immovable Properties of the Spanish Industrial Heritage ［J］. *Procedia Engineering*, 2013（63）: 506 – 513.

［186］Coupland B, Coupland N. The Authenticating Discourses of Mining Heritage Tourism in Cornwall and Wales ［J］. *Journal of Sociolinguistics*, 2014, 18（4）: 495 – 517.

［187］Edwards J A, Llurdés i C J C. Mines and Quarries ［J］. *Annals of Tourism Research*, 1996, 23（2）: 341 – 363.

［188］Giuli L P. Motivation and Anticipation in Post – industrial Tourism ［J］. *Annals of Tourism Research*, 1993（2）: 233 – 249.

［189］Gregov J. Touristic Valorization of Mining Heritage in the Labin Area – state and Perspective ［J］. 2016.

[190] Hall D R. Tourism Development and Sustainability Issues in Central and South – Eastern Europe [J]. *Tourism Management*, 1998, 19 (5): 423 – 431.

[191] Hashimoto A, Telfer, David J. Transformation of Gunkanjima (Battleship Island): From a Coalmine Island to a Modern Industrial Heritage Tourism Site in Japan [J]. *Journal of Heritage Tourism*, 2016, 12 (2): 1 – 18.

[192] Héctor M. Conesa, Rainer Schulin, Bernd Nowack. Mining landscape: A Cultural Tourist Opportunity or an Environmental Problem? The Study Case of the Cartagena – La Unión Mining District (SE Spain) [J]. *Ecological Economics*, 2008 (4): 690 – 700.

[193] Hospers G. J. Industrial Heritage Tourism and Regional Restructuring in the European Union [J]. *European Planning Studies*, 2002 (3): 397 – 404.

[194] Huang Y, Coelho, Vania R. Sustainability Performance Assessment Focusing on Coral Reef Protection by the Tourism Industry in the Coral Triangle Region [J]. *Tourism Management*, 2017, 59: 510 – 527.

[195] Jansen – Verbeke, Myriam. Industrial Heritage: A Nexus for Sustainable Tourism Development [J]. *Tourism Geographies*, 1999 (1): 70 – 85.

[196] Jeremy Buultjens, David Brereton, Paul Memmott, Joseph Reser, Linda Thomson, Tim O'Rourke. The Mining Sector and Indigenous Tourism Development in Weipa, Queensland [J]. *Tourism Management*, 2010 (5): 597 – 606.

[197] José Ignacio Rojas – Sola, Miguel Castro – García, María del Pilar Carranza – Cañadas. Contribution of Historical Spanish Inventions to the Knowledge of Olive Oil Industrial Heritage [J]. *Journal of Cultural Heritage*, 2012 (3): 285 – 292.

[198] Kilper, Heiderose, Wood, Gerald, Restructuring Policies: The Emscher Park Inte – rnational Building Exhibition [A]. Cooke, Philip (ed.): The Rise of the Rustbelt [M]. *London: UCL Press*, 1995: 208 – 230.

[199] Kruczek Z, Kruczek M. Post – Industrial Tourism as a Means to Revitalize the Environment of the Former Oil Basin in the Polish Carpathian Mountains [J]. *Polish Journal of Environmental Studies*, 2016, 25 (2).

[200] Latz, P. Landscape Park Duisburg – Nord: The Metamorphosis of an Industrial site [A]. Niall Kirkwood ed., *Manufactured Sites: Rethinking the Post – in-*

dustrial Landscape［M］. London & New York：Spon Press：150－161.

［201］Marsh B. Continuity and Decline in the Anthracite Towns of Pennsylvania ［J］. *Annals of the Association of American Geographers*, 1987（3）：337－352.

［202］Metsaots K, Printsmann A, Sepp K. Public Opinions on Oil Shale Mining Heritage and its Tourism Potential ［J］. *Scandinavian Journal of Hospitality & Tourism*, 2015, 15（4）：380－399.

［203］Michael Pretes. Touring Mines and Mining Tourists ［J］. *Annals of Tourism Research*, 2002（2）：439－456.

［204］Mihye Cho, Sunghee Shin. Conservation or Economization? Industrial Heritage Conservation in Incheon, Korea ［J］. *Habitat International*, 2012（41）：69－76.

［205］Navío－Marco J, Ruiz－Gómez L M, Sevilla－Sevilla C. Progress in Information Technology and Tourism Management：30 Years on and 20 Years after the Internet－Revisiting Buhalis & Law's Landmark Study about Tourism ［J］. *Tourism Management*, 2018, 69：460－470.

［206］Oerters K. Industrial Heritage in the Ruhr Region and South Wales in Historical Comparison ［M］// Regions, Industries, and Heritage, 2015.

［207］Otgaar, A. Towards a Common Agenda for the Development of Industrial Tourism ［J］. *Tourism Management Perspectives*, 2012, 4（Complete）：86－91.

［208］Peng K. H., Tzeng G H. Exploring Heritage Tourism Performance Improvement for Making Sustainable Development Strategies Using the Hybrid－Modified MADM Model ［J］. *Current Issues in Tourism*, 2017（3）：1－27.

［209］Philip Feifan Xie. Developing Industrial Heritage Tourism：A Case Study of the Proposed Jeep Museum in Toledo, Ohio ［J］. *Tourism Management*, 2006, 27（6）：1321－1330.

［210］Pinder D. Seaport Decline and Cultural Heritage Sustainability Issues in the UK Coastal Zone ［J］. *Journal of Cultural Heritage*, 2003, 4（1）：35－47.

［211］Quebec－Labrador Region Canada ［J］. *International Journal of Urban and Regional Research*, 1984（3）：311－331.

［212］Randall J. E., Ironside R G. Communities on the Edge：An Economic Geography of Resource－Dependent Communities in Canada ［J］. *The Canadian Geogra-*

pher, 1996 (1): 17-35.

[213] Rong F. *Design of Tourism Resources Management Based on Artificial Intelligence* [C]// International Conference on Intelligent Transportation, 2017.

[214] Sutherland F. Community-driven Mining Heritage in the Cuyuna Iron Mining District: Past, Present, and Future Projects [J]. *Extractive Industries & Society*, 2015, 2 (3): 519-530.

[215] Tatiana D N, Almedida-Santana Arminda, Hernández Juan M, et al. Understanding European Tourists' use of e-Tourism Platforms. Analysis of Networks [J]. *Information Technology & Tourism*, 2018, 20 (2): 1-22.

[216] The Iron Bridge Gorge Museum Trust Ltd. *The Iron Bridge and Town* [M]. Great Britain: Jarrold Publishing. 2000. 23.

[217] United Nation. Our Common Future. Cmmission on Environmental Development, Brundtland Report, 1987.

[218] Vargas-Sánchez A. *Industrial Heritage and Tourism: A Review of the Literature* [M]// The Palgrave Handbook of Contemporary Heritage Research, 2015.

[219] Yoel Mansfeld. "Industrial landscapes" as Positive Settings for Tourism Developm-ent in Declining Industrial Cities—The Case of Haifa, Israel [J]. *GeoJournal*, 1992 (4): 457-463.

后　记

绿水青山就是金山银山,"破铜烂铁"也是金山银山,是本人在讲授《旅游资源开发与规划》这门课时经常提及的观点。在资源枯竭型城市里,废弃矿坑、老旧厂房、报废设备等所谓的"破铜烂铁"似乎一文不值,甚至是转型发展的累赘。但在旅游产业的视野下,这些"破铜烂铁"及其所承载的文化记忆却是不可多得的工业遗产旅游资源,其旅游经济效益不容忽视。本书正是基于该观点而展开旅游业推动资源枯竭型城市转型发展的研究,也是本人长期以来系统思考资源枯竭型城市如何转型的心得体会。

君子有所思行。2007年夏从东南大学硕士毕业后,本人入职湖北省黄石市的湖北师范大学从事教学科研工作。黄石市是典型的资源枯竭型城市,境内工业遗产资源丰富,工业历史文化深厚。这一近水楼台的研究资源便很自然地引起了本人的关注,自此开始了资源枯竭型城市转型与旅游发展的相关研究。2010年9月,在脱产攻读武汉大学博士期间一直都在关注、积累、思考,最终集腋成裘撰写了博士论文《中国资源枯竭型城市旅游发展研究》。2014年5月,本人入职中南财经政法大学后,继续开展关于旅游业促进资源枯竭型城市转型的研究,主持了相关课题,发表了多篇论文,特别是2019年,先后获得2019年湖北省社会科学基金一般项目（2019079）、2019年湖北省教育厅人文社会科学研究一般项目（19G014）以及2019年湖北省人文社会科学重点研究基地"资源枯竭城市转型与发展研究中心"开放基金（KF2018Y03）。本书正是在博士论文的基础上修改而成,也是上述课题研究的一个重要成果。

2017年以来,本人得到了许多同事好友的热心帮助和指点,如吴海涛教授、韩翼教授、闫文收博士、刘璠副教授、刘文兴副教授、汤一鹏副教授、邹碧攀副教授、王萍博士等,还有旅游管理系的各位老师。正是诸位良师益友的帮助,才让学术道路上的资深"新人"逐渐找到了前进的方向和勇气,吾道不孤。

感谢过往,感恩当下！不忘初心,不负韶华！

张大鹏

2019年12月于中南财经政法大学文泉楼北132室